高等职业教育改革创新—校企双元教材
电子商务类专业创新型人才培养教材

电子商务基础

The Fundamentals of Electronic Commerce

武汉伟创聚赢科技有限公司　组织编写

何璐　张文伟　陈强　主编

WUHAN UNIVERSITY PRESS
武汉大学出版社

图书在版编目（CIP）数据

电子商务基础/武汉伟创聚赢科技有限公司组织编写;何璐,张文伟,陈强主编.—武汉:武汉大学出版社,2025.8

高等职业教育改革创新—校企双元教材

电子商务类专业创新型人才培养教材

ISBN 978-7-307-23500-7

Ⅰ.电…　Ⅱ.①武…　②何…　③张…　④陈…　Ⅲ.电子商务—高等职业教育—教材　Ⅳ.F713.36

中国版本图书馆 CIP 数据核字（2022）第 247389 号

责任编辑:黄　殊　　　责任校对:李孟潇　　　版式设计:马　佳

出版发行:**武汉大学出版社** 　（430072　武昌　珞珈山）

（电子邮箱:cbs22@ whu.edu.cn　网址:www.wdp.com.cn）

印刷:武汉邮科印务有限公司

开本:787×1092　1/16　印张:16.25　字数:339 千字　　插页:1

版次:2025 年 8 月第 1 版　　2025 年 8 月第 1 次印刷

ISBN 978-7-307-23500-7　　定价:78.00 元

《电子商务基础》编委会

前　言

党的十八大以来，在以习近平同志为核心的党中央的掌舵领航下，中国经济航船乘着数字化的东风，踏着信息化的浪潮，在风雨中笃行，于逆境中奋起，在高质量发展航道上乘势而上、破浪前行，取得历史性成就、发生历史性变革，正加速驶向全面建设社会主义现代化国家的新征程。

习近平总书记在不同场合多次就发展电子商务作出重要指示，对发展农村电商、跨境电商、丝路电商等提出要求，明确指出电子商务是大有可为的。"十三五"时期，我国电子商务取得了显著成就：电子商务交易额从 2015 年的 21.8 万亿元增至 2020 年的 37.2 万亿元；全国网上零售额 2020 年达到 11.8 万亿元，我国已连续 8 年成为全球规模最大的网络零售市场；2020 年实物商品网上零售额占社会消费品零售总额的比重接近四分之一，电子商务已经成为居民消费的主渠道之一；电子商务从业人员规模超过 6000 万，电商新业态、新模式创造了大量新职业、新岗位，成为重要的"社会稳定器"。这些数据充分说明，电子商务已经全面融入我国生产生活各领域，成为提升人民生活品质和推动经济社会发展的重要力量。

大数据、云计算、物联网、人工智能、区块链等新兴技术得到广泛应用，直播电商、社交电商、新零售等模式不断深化创新，农村电商进入规模化、专业化的发展阶段，跨境电商成为外贸转型升级的重要方向，电子商务的结构效益更加优化。电子商务的市场规模高速增长和模式的不断创新对电子商务人才的培养提出了更高的要求。一方面，电子商务从业者需要具备与电子商务相关的基础知识；另一方面，电子商务从业者还需具备对市场行情、行业发展趋势等的分析判断能力，以及电子商务知识的应用能力。因此，学习和掌握电子商务的客户服务基础知识和应用方法是对电子商务从业者的基本要求。本书正是基于以上需求进行策划和编写的，不仅系统地介绍了电子商务的基础知识、应用和原理，而且讲解了电子商务的运作方式、创新模式等内容。

总体来说，本书具有以下特色：

第一，内容全面，结构清晰。本书从宏观角度出发，围绕支撑电子商务活动的各项内容进行讲解：首先介绍电子商务的概念、就业方向和岗位职责等基础知识，然后依次介绍电子商务模式及平台、电子商务安全与支付、网络营销、电子商务物流、电子商务客户服务、电子商务法律法规和职业道德，最后拓展到移动电子商务、跨境电子商务、农村电子商务和旅游电子商务等电子商务的行业应用，帮助学生了解电子商务行业发展的新动态，形成更宽广的视野。

第二，理论与实践相结合。本书中每个项目都包括理论知识和实践实训两部分，理论知识以当前行业发展情况为背景，对标专业岗位的实际需求，内容与时俱进；实践实训以行业中的主流企业在实际中的工作流为依据，采用情景化的方式构建实训背景，由易到难地设计实训任务，让学生在练习时能够融入实际场景，设身处地地展开思考，有所收获。

第三，创新模块设计、教材体例新颖。本书采用活页式结构，每章开头的"项目介绍"板块概括了每章的重点内容，可以帮助学生快速找到学习的方向；"学习目标"板块可以引导学生了解本章中需要掌握的相关知识和操作技能，"学习计划"引导学生合理安排学习活动。同时，书中灵活穿插了"知识牵引""课堂讨论""案例引入"等栏目，用于解惑答疑、传授经验，提升学生的动手能力和自主学习能力，在课后还设置了项目总结，引导学生做好知识复习和巩固。

第四，图示直观，易于阅读。本书包含大量的理论知识，为了降低学习难度，激发学生的学习兴趣，通过对相关知识做图示化处理，以简洁、专业的流程图、示意图说明理论知识，展示真实的案例场景和效果，使学生更易于掌握重点内容。

第五，融入课程思政。融入课程思政，提升个人素养。本书在每个项目中都提炼了学习内容与课程思政的结合点，融入国家政策、先进技术、前沿知识、文化传承、职业道德、法律法规等元素。通过课程思政，提高学生的家国情怀、社会公德意识、法律意识、职业意识、责任担当意识，培养学生敢于担当、勇于奉献、诚实守信的良好品格，提升学生的职业道德素质和文化自信。

第六，配套资源丰富。本书不仅提供精美的PPT课件、教学大纲等教学资源，还制作了相应的题库及答案、电子教案、线上课程等学习资源。

本书由何璐、张文伟、陈强担任主编，高翔、张乾坤、周光旭、李春霞、任副主编，高飞、王威等任编委。在编写本书的过程中，编者参考了国内多位专家、学者的著作或译著，也参考了许多同行的相关教材和案例资料，在此对他们表示崇高的敬意和衷心的感谢！

由于编者水平有限，书中难免存在纰漏和不足之处，恳请专家、读者批评指正。

编　者

C O N T E N T S 目 录

项目一　电子商务概论

项目介绍

本项目主要讲解电子商务基础知识，包括电子商务的概念与特点、系统与框架、电子商务法律等内容。

本项目的实践任务主要是制作电子商务知识图谱、编撰电子商务专业主要就业岗位说明表以及职业规划设计，旨在通过实训任务让学生对电子商务专业建立系统、全面的认知。

学习目标

(1)了解电子商务的定义和特点；

(2)了解电子商务系统与框架；

(3)了解电子商务法律基础知识；

(4)了解电子商务的主要知识体系；

(5)了解电子商务专业的主要就业岗位；

(6)掌握目标信息调研的流程和方法；

(7)掌握互联网信息搜索工具的应用；

(8)掌握电子商务职业规划的设计。

知识结构

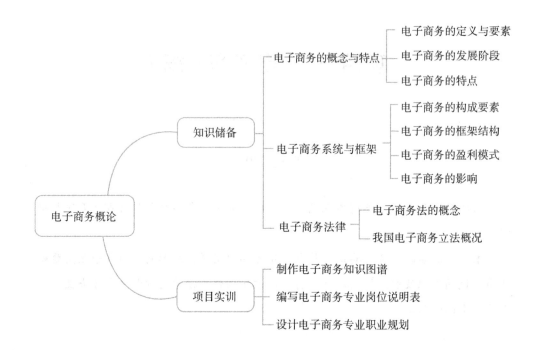

学习计划

小节内容		电子商务的概念与特点	电子商务系统与框架	电子商务法律
课前预习	预习时间			
	预习自评	难易程度　□易　□适中　□难 问题总结：		
课后巩固	复习时间			
	复习自评	难易程度　□易　□适中　□难 问题总结：		

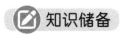 知识储备

模块一　电子商务的概念与特点

随着信息技术和智能设备的不断迭代与衍变，电子商务得到了广泛的发展，逐渐成为大众日常生活、学习和工作中非常重要的部分。依托电子商务规模的高速扩大，网民数量持续增长、智能手机快速普及以及互联网持续渗透，中国已经成为全球最大的网购市场，产生了大量的电子商务企业，成为我国经济中发展中的重要推动力量。

（一）电子商务的定义与要素

电子商务是基于现代通信技术、计算机技术和网络技术运行的一种社会经济形态，其目的是通过降低社会经营成本、提高社会生产效率、优化社会资源配置，实现对社会财富的最大化利用。它带来整个社会生产、经营活动价值链的改变，是经济和信息技术发展并相互作用的必然产物。

1. 电子商务的定义

电子商务（Electronic Commerce）是指使用信息技术实现商务过程中全要素的信息数字化交互过程。一方面，企业通过互联网为用户提供丰富多彩的商品和服务，与客户实现充分的交流，实时了解客户需求；另一方面，企业内部及企业与其合作伙伴之间又通过网络实现高效协同、紧密合作，以最低成本、最快速度满足彼此的需求。具体而言，它包括企业内部的协调与沟通、企业之间的合作及网上交易三方面的内容。

上述概念包含如下含义：①电子商务采用先进信息技术来处理交易，促进交易的达成。②电子商务通过互联网创造了一个线上活动交易场所。③电子商务是"电子"和"商务"的融合，"电子"是技术，"商务"是核心。④电子商务是一种电子模式，而非简单地采用电子设施完成商务活动。

🔀 知识牵引

信息技术(Information Technology,缩写为IT),是主要用于管理和处理信息所采用的各种技术的总称,包括传感技术、计算机与智能技术、通信技术和控制技术等。它主要是应用计算机科学和通信技术来设计、开发、安装和实施信息系统及应用软件。

目前,对电子商务概念的认识大致分为两类:广义的电子商务概念和狭义的电子商务概念。广义的电子商务(Electronic Business,EB)是指利用电子手段进行的商务贸易活动。这里所说的电子手段,无论初级的还是高级的均涵盖其中,既包括较为先进的互联网技术,也包括以往的电报、电传等技术手段。

狭义的电子商务(Electronic Commerce,EC)涵盖于广义的电子商务概念之中,仅仅指通过互联网进行的商务活动。其准确描述为:电子商务是依托计算机及网络进行货物贸易和服务交易,并提供相关服务的商业形态。具体可细分为企业之间的电子商务(Business to Business,B2B)、企业和消费者之间的电子商务(Business to Consumer,B2C)、消费者之间的电子商务(Consumer to Consumer,C2C)、政府和企业之间的电子商务(Government to Business,G2B)。

2. 电子商务的三要素

在电子商务中,信息流、物流和资金流一直是极其重要的系统要素,被人们广泛重视和研究,研究"三流"的作用和关系旨在指导人们正确地运用电子商务,实现更快捷、高效的服务,并进一步降低成本、提高竞争力,如图1-1所示。

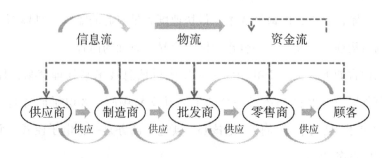

图1-1 电子商务三要素

（1）信息流

信息流主要包括商品信息的提供、促销行销、技术支持、售后服务等内容，也包括询价单、报价单、付款通知单、转账通知单等商业贸易单证，还包括交易方的支付能力、支付信用和中介信誉等。企业管理的基础就是对企业信息流实施有效控制。电子商务活动相对于传统的商务活动的最大优势是在电子商务环境下，企业能借助现代信息网络技术，使得信息的流动更为通畅。

（2）物流

物流是指商品在空间和时间上的位移，包括采购配送、生产加工和仓储包装等流通环节中的流通情况。它以满足顾客的需求为服务目标，并尽量消除物流过程中各种形式的浪费，追求持续改进和创新。

（3）资金流

资金流主要指资金的转移过程，包括付款、转账、结算、兑换等。如果说电子商务是一部机器的话，那么资金流就是这部机器的助推器。没有资金的流转，就没有真正意义上的电子商务。

在商品价值形态的转移过程中，物流是基础、信息流是桥梁、资金流是目的，但是信息流处于中心地位，是其他要素流运转的介质，直接影响着商品流通中的各个环节的运作效率。

（二）电子商务的发展阶段

电子商务起源于 20 世纪 60 年代末，伴随计算机技术和互联网技术的进步而不断扩大规模，并获得高速发展。目前业界普遍将电子商务的发展历史划分为两个典型的阶段：基于 EDI 的电子商务和基于互联网的电子商务。

1. 电子商务产生的背景

20 世纪末，在全球化、信息化的推动下，电子商务给全球经济领域带来巨大变革，经济活动的主体将不再仅限于发达国家，而是世界各地的人们。电子商务正在改变社会经济生活，进而改变世界。电子商务是全球化、信息化发展的必然结果，并进一步促进全球化、信息化向深层次发展。

全球化是指跨国商品与服务的交易，即国际资本流动规模和形式的增加以及技术的广泛、迅速传播。全球化使世界各国经济的相互依赖性增强。经济全球化是指世界各国的经济在生产、分配、消费各个领域所发生的一体化趋势。

信息化是指国民经济和社会的信息化。其具体含义是要在国民经济各部门和社会活动各领域全面发展并普遍采用现代信息技术，充分、有效地开发和利用各种信息资源，从而使所创造的劳动价值在国民生产总值中的比重逐步上升直至占主导地位，并使社会各单位和全体人民都能在任何时间、任何地点，通过各种信息媒体分享和传递信息，以提高各级政府的宏观调控和决策能力，提高各单位和个人的学习、工作效率及创新能力，提高人们的文化教育水平、综合素质与生活质量，促进社会生产力的进步，增强综合国力和国际竞争力，使社会的物质文明和精神文明得到空前的发展。

2. 基于 EDI 的电子商务

基于电子数据交换(Electronic Data Interchange，EDI)的电子商务在 20 世纪 60 年代末期产生于美国，电子数据交换(EDI)和电子资金传送(EFT)作为企业间电子商务应用系统的雏形已经出现。当时大量的商业银行、连锁零售商、大型酒店及大型制造业单位建立了供方和客户间的电子通信和关系处理系统，这种方式加快了供方处理速度，有助于实现最优化管理，使得操作更有效率，并提高了客户服务质量。

当时，一些企业在使用计算机处理各类商务文件时发现，由人工输入到一台计算机中的数据 70% 来源于另一台计算机的输出文件，但由于过多的人为因素，影响了数据的准确性和工作效率的提高，人们开始尝试开发某种系统，让贸易伙伴之间的计算机数据能够自动转换，EDI 应运而生。

电子数据交换系统应用在金融、电子商务、物流及国际贸易等领域，能够保证各方之间各种交易单证安全和有效地交换。就电子商务领域而言，电子数据交换多用于订单的自动处理，计算机可以自动识别和处理订单数据，不仅减少了重复劳动，而且有利于订单数据的标准化。下面以订单发送与回复为例，简要介绍电子数据交换在电子商务领域中的应用流程。

第一步，买方根据实际需求，利用计算机在订单处理系统中制作一份订单，系统以电子数据的格式存储信息，并形成买方数据库，然后生成一份电子订单。

第二步，买方将该电子订单通过电子数据交换中心传送给卖方。在实际应用中，该电子订单被发往卖方的电子邮箱时，先被保存在电子数据交换中心，等待来自卖方的接收指令。

第三步，卖方从位于电子数据交换中心的电子邮箱中接收邮件，其中包含了买方发送的电子订单。

第四步，卖方查阅电子订单后，使用计算机中的订单处理系统，自动生成一份回执，经卖方确认后，该电子订单回执经网络发送到电子数据中心并存放在买方的电子邮箱中。

第五步，买方再通过电子数据中心接收邮件，其中就包含了电子订单回执。

在整个流程中，卖方接收订单，买方接收电子订单的回执，都必须通过电子数据交换中心，如图 1-2 所示。

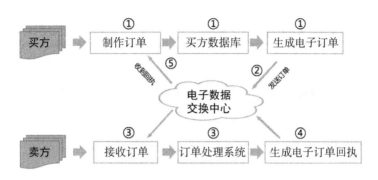

图 1-2 电子数据交换中心

知识牵引

EDI 是 Electronic Data Interchange 的缩写，即电子数据交换，具体指用户按照国际通用的消息格式发送信息，接收方也按国际统一规定的语法规则对消息进行处理，并引起其他相关系统的 EDI 综合处理。EDI 是计算机之间信息的电子传递，而且使用某种国际公认的标准格式来处理信息。

一个 EDI 信息中包含了一个多数据元素的字符串，每个元素代表一个单一的事实，整个字符串被称为数据段。一个或多个数据段由头和尾限制定义为一个交易集并构成 EDI 传输单元。

由于使用 EDI，整个过程都是自动完成，无需人工干预，减少了差错，提高了效率，能有效地减少直到最终消除贸易过程中的纸面单证，因而 EDI 也被俗称为"无纸交易"。它是一种利用计算机进行商务处理的新方法。

3. 基于互联网的电子商务

20 世纪 90 年代中期后，随着经济与社会的发展，互联网得以迅速普及，并逐步从大学、科研机构走向普通企业和百姓家庭，其功能也已从信息共享演变为大众信息传播。从 1991 年起，商业贸易活动主体正式进入互联网领域，使电子商务成为互联网应用的最大热点。

如图 1-3 所示，如果将"现代信息技术"看作一个子集，"商务"看作另外一个子集，电子商务所覆盖的范围应当是这两个子集的交集，即"电子商务"可能广泛涉及互联网场景下电子数据交换在商务或贸易方面的各种用途。

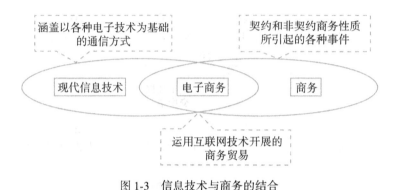

图 1-3　信息技术与商务的结合

课程思政

　　据 eMarketer 数据显示，预计 2021 年全年全球电子商务市场总额将达到 4.89 万亿美元。中国正在引领全球电商市场，2021 年线上销售额将近 2.8 万亿美元，占据全球电商市场总额的半壁江山。而居于世界第二位的美国，2021 年全年电商市场总额预计为 8430 亿美元左右，不及中国的三分之一。此外，我国的数字消费者达到 7.925 亿人，占全球总数的 33.3%，位于世界之首。在零售方面，我国 52.1% 的零售交易额来自电商，中国也将成为历史上第一个线上零售额超过线下零售额的国家。

　　>>>想一想：为什么中国能够超越美国成为全球最大的电子商务市场？

_____

_____

(三) 电子商务的特点

电子商务的整个交易环节在线上进行，减少了商品流通的中间环节，节省了大量的开支，从而也极大地降低了商品流通和交易的成本。与传统商务模式相比，电子商务因其基本特征而呈现出不同的特点。

1. 电子商务的基本特征

从电子商务的含义及发展演变的历程，可以看出它具有以下基本特征。

第一，数字化。电子商务通过互联网技术与信息技术的结合，将生产企业、流通企业及消费者和政府带入一个数字化环境，创建了数字经济的新天地。

第二，效率化。在电子商务环境中，人们不再受地域和时间的限制，通过网络可以非常便捷的方式完成传统商务活动中较繁杂的信息流、资金流、物流的处理工作，使得商务交易效率更高。

第三，信息化。商务活动是一个多方信息交互的过程，它需要客户与公司内部、生产商、批发商、零售商之间协调各种信息流通。在电子商务环境中，客户与商家、物流、第三方支付平台等部门之间不仅信息要进行交互与协作，而且交易的全部过程都实现了信息化处理。

2. 电子商务的特点

与传统商务模式相比，电子商务具有以下几个特点。

（1）交易虚拟化

电子商务通过互联网进行交易，交易双方从磋商、签订合同到支付等流程都可在线上完成，交易过程完全实现虚拟化。商家申请网站域名、制作网页、展示商品、刊登产品信息；买方根据自己的需求选择产品，通过即时通信软件与卖方实时交流互动；商家与买家通过 IM 互动、通过电子商务系统签订交易合同，通过第三方支付平台来完成电子支付。整个交易过程都是在网络这个虚拟环境中进行的。

知识牵引

即时通信（Instant Messaging，简称 IM）是一个实时通信系统，允许两人或多人使用网络实时地传递文字消息、文件、语音与视频交流。

个人版即时通信软件：YY 语音、百度 hi、QQ、阿里旺旺、钉钉、FastMsg、新浪 UC、MSN、LAHOO（乐虎）、LASIN（乐信）、云对讲、蚁傲等。

企业版即时通信软件：Microsoft Lync、信鸽、ActiveMessenger、网络飞鸽、Anychat、腾讯 RTX、叮当旺业通、LiveUC、汇讯 WiseUC、imo、Simba、群英 CC、蚁傲、中电智能即时通信软件等。

（2）交易成本低

电子商务使买卖双方的交易成本大大降低。买卖双方通过网络进行商务活动，无需中介者参与，减少了交易环节。卖方可通过网络进行产品介绍、宣传，节省了传统的制作广告牌、发印刷宣传页等商业活动开支。电子商务实行"无纸贸易"，可节省90%因处理文件而产生的费用。传统的贸易平台为实体店铺，电子商务则利用网络平台即可开展。

（3）交易效率高

电子商务系统将交易中的商业报文标准化，通过计算机自动处理使商业报文能在世界各地瞬间完成传递，且克服了传统交易方式费用高、易出错、处理速度慢等缺点，极大地缩短了交易时间，整个交易过程非常快捷与方便。

（4）交易透明化

买卖双方交易的洽谈、签约及货款的支付、交货通知等整个交易过程中的环节都在网络上进行。通畅、快捷的信息传输可以保证各种信息之间互相验证，防止伪造信息的流通。

📖 学有所思

根据你对电子商务概念相关内容的学习，请想一想互联网上的哪些行为属于电子商务范畴？

_____

_____

_____

_____

模块二 电子商务系统与框架

(一) 电子商务的构成要素

案例引入

　　王青为了买鞋，几乎把步行街的鞋市步量了一遍，回家后窝在沙发里用平板电脑看新闻，突然一则图片广告吸引了她的眼球：一位美女穿着一双时尚的英伦风系带马丁靴，这正是她要的鞋子款式。于是她点击链接，打开淘宝App，选择同款鞋子放入购物车并点击交易，然后在银行的支付页面上付款。过了几天，快递小哥就把快递包裹送到了她手上。她在网络上完成了选购鞋子的全过程。

　　>>>想一想：此购买流程涉及哪些环节及对象？它们各自是怎么在此流程中运作的？

　　电子商务的基本构成要素有计算机网络、用户、认证中心、物流配送中心、网上结算中心、商家等，如图1-4所示：

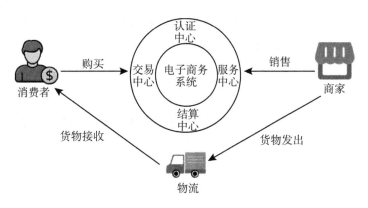

图1-4　电子商务的基本构成要素

1. 计算机网络

计算机网络包括互联网、内联网、外联网。互联网是电子商务的基础，是全世界范围内进行商务、业务信息传送的载体；内联网是用于企业内部业务处理、经营管理与信息交流的网络平台；外联网是企业与企业、企业与客户之间进行业务信息交换的专用网络通道。

知识牵引

> Internet 即互联网，又称网际网络，根据音译也被称为因特网、英特网，是网络与网络之间所串联的庞大网络。这些网络以一组通用的协议相连，形成逻辑上的单一且巨大的全球化网络，其中有交换机、路由器等网络设备，以及各种不同的连接链路、种类繁多的服务器和数不尽的计算机、终端等。互联网是信息社会的基础。

2. 用户（消费者）

电子商务用户可分为个人用户和企业用户。个人用户使用浏览器、App 接入互联网来获取商品信息、购买商品。企业用户建立企业内联网、互联网和企业电子商务系统，对人、财、物、供、销、存进行科学管理。

3. 认证中心（CA）

认证中心是法律承认的权威机构，负责发放和管理电子证书，使网上交易的各方能相互确认身份。电子证书是一种包含证书持有人个人信息、公开密钥、证书序列号、有效期、发证单位的电子签名等内容的数字文件。

4. 物流中心

物流中心接受商家的送货要求，组织运送无法从网上直接得到的商品，并跟踪产品的流向，以保证将商品及时、高效地送到客户的手中。

5. 结算中心

互联网金融是信息技术，特别是互联网技术飞速发展的产物，是适应电子商务（e-commerce)发展需要而产生的网络时代的金融运行模式。结算中心主要指电子银行和第三方支付平台,它们作为电子商务必不可少的支撑机构,为电子商务交易提供资金结算服务。

6. 商家

商家包括供应商、生产商、发行商、渠道商、零售商或个人等,商家通过电子商务系统为用户提供产品或服务,并通过互联网进行交易。

互联网发展到今日,电子商务系统趋于完善,围绕电子商务系统诞生了上下游关联的各类商业模式,如表 1-1 所示。它们的表现形态各式各样,且随着电子商务的发展而发展,反过来,也正因为它们的存在,让电子商务系统更趋于完善。

表 1-1 电子商务的商业模式

系统类型	表现形式	代表平台	系统功能
交易平台	B2B\B2C\C2C\O2O	淘宝\京东\美团	为企业和个人提供商品交易
支付平台	手机支付\网银\第三方支付平台	支付宝\财付通\拉卡拉\中国银联	提供支付结算服务
技术服务	代运营\代推广	淘宝服务\猪八戒	提供技术运营服务
广告服务	提供广告展位	直通车\智钻	提供广告营销服务

(二)电子商务的框架结构

电子商务的本质是依托互联网运行的信息化服务,其基本框架结构是实现电子商务从技术到应用所应具备的完整的运作体系,如图 1-5 所示。电子商务的应用强化了一个重要因素——信息,于是就有了信息服务、信息商品和电子货币等。因此,从本质上看,电子商务的框架结构构建于互联网平台上,且与信息密不可分,它包括基础层、信息层、服务层、应用层。

基础层是实现电子商务的最底层的网络基础设施,具体指信息传播系统,包括远程通信网、有线电视网、无线通信网和互联网等。这些网络都在不同程度上提供电子商务活动所需的传输线路,但是大部分电子商务活动还是基于互联网来运作的。

信息层在基础层提供的信息传输线路上,通过 Internet 传输信息的内容,如将文本、

图 1-5　电子商务的框架结构

声音、图像等信息转换为 HTML 并发布。

服务层通过基础服务设施来实现标准的网上商务活动或服务，以方便交易，主要包括标准的商品目录服务、建立价目表、电子支付工具的开发以及保证商业信息传送安全性与认证买卖双方合法性的方法等。

应用层指电子商务的具体应用服务。其应用服务范围较广，包括供应链管理、电子市场及电子广告、网上购物、网上娱乐、有偿信息服务及网上银行等。

电子商务的两个支撑点是其框架结构得以存在并能应用的基础——一是相关的政策及法律法规，二是各种技术标准及相应的网络协议。

(三) 电子商务的盈利模式

盈利模式是企业在经营过程中确立起来的、以盈利为目的的商务结构和业务结构，其中，商务结构主要指企业外部所选择的交易对象、交易内容、交易规模、交易方式、交易渠道等商务内容及其时空结构；业务结构则指为了满足商务结构需要，企业内部所从事的研发、采购、生产、营销、管理等业务内容及其时空结构，前者直接反映的是企业资源配置的效率，后者反映的是企业资源配置的效益。从狭义的角度来说，盈利模式就是企业相对稳定而系统的盈利途径和方式。

图 1-6 为电子商务盈利模式分析框架。这个经验性的框架明确地提出了盈利模式分析的目标是考察其交易规模、竞争态势、市场份额等，同时包含部分盈利模式的组成因素。

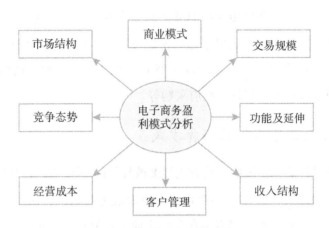

图 1-6　电子商务盈利模式分析

盈利模式可以归结为"一个核心、五个基本点"，一个核心是指价值创造结构，五个基本点是指五个基本构成要素：利润点、利润对象、利润源、利润杠杆和利润屏障，它们共同构成了盈利模式的逻辑结构。

互联网的广泛应用为新经济时代中的电子商务盈利模式赋予了新的内容。在非电子商务时代，商业模式与盈利模式二者没有明显区别，从事商业活动就要赚钱，一般没有不盈利的商业活动，盈利几乎是人们谈论商业活动的一个既定前提，但为什么电子商务出现后，有人专门提出了所谓的盈利模式问题呢？因为在电子商务发展初期，为了转变人们的使用习惯，吸引更多的潜在用户，许多服务是免费提供的，但这种不盈利的商业活动显然不能持久，一旦想要收费，已习惯使用免费资源的用户就会自觉抵制，导致部分用户流失。这就是电子商务在开始时往往投入大量资金而无法立即实现盈利的原因所在。为此，如何才能够既保持用户不流失，又能实现盈利的问题就出现了，并迫切需要得到解决。这也正是电子商务盈利模型的特殊性所在。

(四) 电子商务的影响

与传统商务活动相比，电子商务具有明显的优点，主要表现为交易虚拟化、交易成本低、交易效率高、交易透明化。交易虚拟化体现在整个贸易过程均在虚拟的计算机网络环境中完成；交易成本低体现在降低通信成本、减少交易环节，实现无纸化贸易；交易效率高体现在信息传输速度快、实现商业信息数字化；交易透明化则是基于互联网本身具有的开放性和全球性的特点而实现的。

1. 电子商务改变了商务活动形式

电子商务的迅速发展必将使传统的商务活动形式发生新的变化。例如，借助互联网，从采购到商品销售全过程都将实现电子化。人们可以进入网上商城浏览、采购各类产品，而且还能便捷地得到在线服务；商家可以在网上与客户联系，利用网络进行货款结算服务；政府可以方便地进行电子招标、政府采购等。

2. 电子商务改变了人们的消费方式

进入电子商务时代后，传统的购物方式逐渐被轻松的"单击鼠标"购物代替，人们的消费行为和消费需求随之发生根本性的变化，主要表现为：第一，由于选择范围的显著扩大，消费者可以在短时间内通过网络在众多供应商中反复比较，从而找到理想的供应商，而不必像过去那样花费大量的时间、精力去"货比三家"；第二，消费者的消费行为将变得更加理智，对商品的价格可以精心比较，不再因为不了解行情而上当受骗；第三，消费需求将变得更加多样化、个性化，消费者可直接参与生产和商业流通环节，向商家和生产厂家主动表达自己对某种产品的要求，定制化生产将变得越来越普遍。用经济学的语言来说，就是"极大地降低了购买方的交易费用"。

3. 电子商务改变了厂家的营销方式

电子商务改变了厂家的营销方式，具体表现为：第一，改变厂家的广告方式：网络广告的传播范围更为广泛，平均费用大为降低；第二，改变品牌的塑造方式：品牌产品的市场优势地位正在改变，不知名品牌进入市场的机遇之门正在打开；第三，改变销售的组织方式：从接订单，到资信的确认或收款的确认，再到货物的准备和发送等一系列工作流程，都发生了变化；第四，改变对客户的管理方式：客户的消费特征在网上直接被记录，并可以通过软件来统计分析，从而有助于厂家为客户提供更好的服务。

4. 电子商务正在再造整个流通环节

传统的"厂家—批发—零售—消费者"模式逐渐被"厂家—消费者"的模式取代，新的物流配送体系也正在重塑，包括流通组织、运输体系、运输组织方式和相应的存储方式都会因电子商务而再造。

5. 电子商务改变了厂家的采购方式

从厂家的生产流程来看，电子商务不仅改变了企业的销售管理，而且对采购管理也有着巨大的影响。例如，电子商务有利于企业找到物美价廉的原材料以及合适的合作伙伴，从而降低采购的交易费用。企业的采购和组织方式会发生相应的变化，将促使企业与供应商建立战略联盟关系。

6. 电子商务推动了金融业的发展

随着电子商务在电子交易环节上的突破，网络银行、银行卡支付网络、银行卡电子支付系统以及电子支票、电子现金等服务，将传统金融业带入一个全新的领域。在线电子支付成为电子商务活动中的关键环节，也是电子商务得以顺利发展的基础条件。例如，网络银行的出现，完全改变了企业进行资金操作的方式，通过互联网，企业在 Web 页面上即可完成借款和还款等。

7. 电子商务使人才的挑选与聘用方式正在发生革命性的变化

通过互联网，企业能够便捷地完成人才交易的全过程，包括人才自荐、企业对人才的挑选、测试和聘用等。依托互联网和多媒体技术的普及，测评人才的方式，如调查问卷的设计与业务能力考察等，也正在迅速发展。

8. 电子商务改变了厂家的生产组织和生产管理过程

企业物流链条的中间段，即生产的组织与管理，也同样受到电子商务的影响。随着企业输出端与输入端发生巨大变化，企业生产流程的再造不可避免。事实上，虚拟企业的出现，就已经催化了对生产过程的组织方式。同时，电子商务必然促进企业技术单元的细化(专业分工的细化)与部分生产活动的外部化，从而推动生产流程的再造。

总而言之，电子商务改变了从产品开发到生产、流通、消费，以至金融运作的整个过程，给传统企业的管理观念与方法带来巨大的改变。

📖 学有所思

通过对电子商务系统与框架相关知识的学习，请说一说你对电子商务的理解。

_____

_____

_____

模块三　电子商务法律

与传统商务模式相比，电子商务具有交易网络化、虚拟化、透明化及成本低等特征，特别是跨境电商、农村电商、移动电商的发展，使得电子商务经营和交易模式变得更丰富和复杂，因此，学习电子商务相关知识，了解电子商务法律，对规范电子商务活动、保护自身交易权益有着重要的现实意义。

(一) 电子商务法的概念

为了保障电子商务活动中各方主体的合法权益，维护市场秩序，促进电子商务持续健康发展，国家陆续出台了相关法律。

1. 电子商务法的概念

电子商务的发展势必推动电子商务法的产生。电子商务法是指调整电子商务活动中所产生的各种社会关系的法律规范的总称。电子商务法有广义和狭义之分。广义的电子商务法与广义的电子商务概念相对应，包括所有调整以数据电文方式进行的商务活动的法律规范，其内容涉及广泛，包括调整以电子商务为交易形式和以电子信息为交易内容的商事关系法律规范。狭义的电子商务法则对应狭义的电子商务概念，是指调整以数据电文为交易手段引起的商事关系的规范体系，即作为部门法意义上的电子商务法，包括以电子商务法命名的法律、法规，以及其他所有现行制定法中有关电子商务的内容，如《中华人民共和国合同法》中关于数据电文的规定、刑法中关于计算机犯罪的规定等。

2. 电子商务法的调整对象

电子商务法的基础是电子商务活动，作为一种商务活动，它属于商事行为范畴，应当遵循传统商法的一般规则。而之所以要制定和修改相关法律来调整电子商务活动，是因为这些商务活动与互联网融合后，其传导介质、交易手段和交易环境发生了重大变化，导致传统的商法难以解决因采用电子商务而引起的相关问题。电子商务法不仅推动交易形式的变化，而且有助于规范如在线货物买卖交易、在线信息产品交易、在线服务、在线特殊交易等交易活动以及解决由此而引起的法律问题。因此，电子商务法不是试图关涉所有的商业领域，重新建立一套新的商业运行规则，而是将重点放在探讨因交易手段和交易方式的改变而产生的特殊商事法律问题上。

根据电子商务的本质和特点来看，电子商务法的调整对象是电子商务交易活动中发生的各种社会关系——在广泛采用信息技术并将这些技术应用到商业领域后形成的特殊社会关系，它交叉存在于虚拟社会和实体社会之间，且有别于实体社会中的各种社会关系。

3. 电子商务法的特征

（1）程式性

电子商务法一般不直接涉及交易的具体内容，它所调整的是当事人之间因电子交易形式的变化而引起的权利与义务关系，如有关数据信息是否有效、是否归属于某人，电子签名是否有效、是否与交易的性质相适应，认证机构的资格如何，它在证书的颁发与管理中应承担哪些责任等问题。

（2）技术性

在电子商务法中，许多法律规范都是直接或间接地由技术规范演变而成的。例如，一些国家将运用公开密钥密码体系生成的数字签名规定为安全的电子签名，这样就将有关公开密钥的技术规范转化成法律规范，对当事人之间的交易形式和权利、义务的行使都有极其重要的影响。另外，关于网络协议的技术标准，当事人若不遵守，就不可能在开放环境下进行电子商务交易。

（3）开放性

从民商法原理上来说，电子商务法是关于以数据信息进行意思表示的法律制度，而数据信息在形式上是多样化的，并且还在不断发展。因此，必须以开放的态度对待任何技术手段与信息媒介，设立开放性规范，让所有有利于电子商务发展的设想和技术都能融入。目前，国际组织及各国在电子商务立法中，大量使用开放性条款、功能等价性条款，其目的就是开拓社会各方面的资源，以促进科学技术及其社会应用的广泛发展。

（4）复合性

电子商务交易关系的复合性源于其技术手段上的复杂性和依赖性。它通常表现为当事人必须在第三方的协助下完成交易活动。比如，在订立合同时，需要有网络服务商提供接入服务，需要有认证机构提供数字证书等。即便在非网络化的、点到点的电讯商务环境中，交易人也需要通过电话、电报等传输服务来完成交易。或许有企业可撇开第三方的传输服务，自备通信设施进行交易，但这样很可能徒增成本，有悖于商业规律。此外，对于在线合同，可能需要第三方加入以协助履行，如在线支付往往需要银行的网络化服务。这就使得电子交易具有复杂化的特点。实际上，每一笔电子商务交易的进行，都必须以多重法律关系的存在为前提，这是传统的口头或纸面条件下所没有的，它要求多方位的法律调整以及多学科知识的应用。

（二）我国电子商务立法概况

我国在 1994 年开始出现电子商务模式，虽然电子商务行业得到了快速发展，但在电子商务法制建设上，我国仍处于初始阶段。由于电子商务已成为社会经济发展的新增长点，并将改变商业经营方式，因此，要确保电子商务的健康发展，就必须以健全的法律保障为基础和前提。

1. 我国目前主要的电子商务相关法律法规

目前，我国电子商务的立法现状是：虽已经陆续出台了《中华人民共和国电子签名法》《中华人民共和国电子商务法》等法律规范，但仍存在多头管理、职能重叠、界定不清、立法层次比较低等问题，以及电子商务法规一般以部门规章、地方性法规和地方政府规章为主，现行法律法规的修订相对滞后等现象。

（1）《中华人民共和国电子商务法》（后文简称"《电子商务法》"）

《电子商务法》经第十三届全国人民代表大会常务委员会第五次会议审议并通过，自 2019 年 1 月 1 日起施行，成为我国电商领域首部综合性法律。《电子商务法》全文共七章八十九条，主要对电子商务的经营者、合同的订立与履行、争议解决、促进和法律责任等方面做出规定，使电子商务活动有法可依。

（2）《中华人民共和国民法典》（后文简称"《民法典》"）

2020 年 5 月 28 日，十三届全国人大三次会议表决通过了《中华人民共和国民法典》，自 2021 年 1 月 1 日起施行，我国进入民法典时代。《民法典》对电商合同的成立规定如下：订立合同可以采取要约、承诺方式，商业广告的内容符合要约规定的，视为要约。在直播带货时，常出现主播的宣传和下单页面详情的信息不同的情况。根据民法典第四百七十二条，如果主播宣传的内容具体确定，如包含商品名称、数量、规格、价格、发货时间、运费承担等信息，将构成要约。消费者在商品详情页面下单的行为是向平台内经营者发出了承诺，合同就成立，合同当事方是消费者和平台经营者。虽然出于维护商誉的考虑，部分主播在商品出现质量问题之后会主动赔付，但从法律角度出发，主播并不是合同的相对方，对后续合同履行的问题不承担责任。因此若商品出现质量、发货延迟等后续问题，消费者应当向平台内经营者主张违约或侵权责任。关于电子商务合同成立时间，《民法典》第四十九条规定，重申了电子合同订立的时间点为提交订单成功之时。如有电商平台的格式条款中，约定"以商品出库为合同成立的标志"，没有在提交订单十日内供货，将认定其违约，承担违约责任。

(4)《中华人民共和国电子签名法》(后简称"《电子签名法》")

2004年，第十届全国人民代表大会常务委员会第十一次会议通过了《中华人民共和国电子签名法》(自2005年4月1日起施行)。这是我国电子商务和信息化领域的第一部专门法律，该法通过确立电子签名法律效力、规范电子签名行为等措施来维护各方合法权益，从法律制度上保障电子交易安全，为我国电子商务安全认证体系和网络信任体系的建立奠定了重要基础。

(5)《中华人民共和国刑法》

《中华人民共和国刑法》修订后自1997年10月1日起施行，其中明确规定了计算机犯罪的罪名，包括第二百八十五条非法侵入计算机系统罪，第二百八十六条第一、第二款破坏计算机信息系统功能罪，第二百八十六条第三款制作、传播计算机病毒等破坏计算机程序罪。这些条款为保护计算机信息系统的安全，促进计算机技术的应用与发展，保障电子商务的顺利开展提供了有力的法律保障。

(6)《中华人民共和国网络安全法》

2016年，第十二届全国人民代表大会常务委员会第二十四次会议通过了《中华人民共和国网络安全法》。这是我国第一部全面规范网络空间安全管理方面问题的基础性法律，是我国网络空间法治建设的重要里程碑，是依法治网、化解网络风险的法律重器，是让互联网在法治轨道上健康运行的重要保障。《中华人民共和国网络安全法》将近年来一些成熟、有效的做法制度化，并为将来可能的制度创新做了原则性规定，为网络安全工作提供了切实的法律保障。

课程思政

2022年7月，李某从某品牌手机电商旗舰店购买了一部手机，支付货款5699元。李某于收货当日拆封了手机的包装盒并进行了开机，随后以"手机屏幕有问题"为由要求退货。次日，该公司将手机取回后进行检测，结果为测试未见故障，遂拒绝了李某的退货申请，并将手机再次邮寄给李某。经双方协商无果，李某将该公司诉至法院，要求退货退款。

法院经审理认为，李某在该旗舰店处购买商品，双方建立了有效的网络购物合同关系。根据法律规定，消费者退货的商品应当完好。但对于不同的商品，"完好"的标准是有区别的。消费者基于查验需要而打开商品包装，或者为确认商品品质、功能而进行合理的调试不影响商品的完好。在本案中，手机属于电子电器类商品，一般情况下，此类商品的"完好"并非"商品包装完好"。对于手机这类商品，消费者拆封、开机后，才能确认其品质和功能，且拆封、开机不会导致其品质发生改变，故单纯的包装拆封及手机开机不能成为网络商品销售者排除适用七日无理由退货规定的理由，因此依法判决支持李某的诉讼请求。

2022年3月2日《最高人民法院关于审理网络消费纠纷案件适用法律若干问题的规定（一）》的发布进一步规范了网络消费格式条款，确认网络消费"霸王条款"无效，同时再次完善了七日无理由退货制度。

>>>想一想："完善了七日无理由退货制度"反映了什么？

_____

_____

_____

2. 我国《电子商务法》的基本原则

（1）平等原则

《电子商务法》第四条规定："国家平等对待线上线下商务活动，促进线上线下融合发展，各级人民政府和有关部门不得采取歧视性的政策措施，不得滥用行政权力排除、限制市场竞争。"

（2）自愿、公平、诚信原则

《电子商务法》第三条规定："国家鼓励发展电子商务新业态，创新商业模式，促进电子商务技术研发和推广应用，推进电子商务诚信体系建设，营造有利于电子商务创新发展的市场环境，充分发挥电子商务在推动高质量发展、满足人民日益增长的美好生活需要、构建开放型经济方面的重要作用。"《电子商务法》第五条规定："电子商务经营者从事经营活动，应当遵循自愿、平等、公平、诚信的原则，遵守法律和商业道德，公平参与市场竞争，履行消费者权益保护、环境保护、知识产权保护、网络安全与个人信息保护等方面的义务，承担产品和服务质量责任，接受政府和社会的监督。"

（3）协同管理原则

《电子商务法》第六条规定："国务院有关部门按照职责分工负责电子商务发展促进、

监督管理等工作。县级以上地方各级人民政府可以根据本行政区域的实际情况，确定本行政区域内电子商务的部门职责划分。"《电子商务法》第七条规定："国家建立符合电子商务特点的协同管理体系，推动形成有关部门、电子商务行业组织、电子商务经营者、消费者等共同参与的电子商务市场治理体系。"

（4）自律原则

《电子商务法》第八条规定："电子商务行业组织按照本组织章程开展行业自律，建立健全行业规范，推动行业诚信建设，监督、引导本行业经营者公平参与市场竞争。"

3. 我国《电子商务法》的特点

（1）严格限定范围

电子商务具有跨时空、跨领域的特点，因此，《电子商务法》将调整范围严格限定在中华人民共和国境内，限定在通过互联网等信息网络销售商品或者提供服务的电子交易活动，而金融类产品和服务，利用信息网络提供的新闻、信息、音视频节目、出版以及文化产品等方面的内容服务都不在其调整范围内。

（2）促进健康发展

电子商务属于新兴产业，因此，《电子商务法》将支持和促进电子商务持续健康发展摆在首位，并对鼓励创新作出一系列的制度性规定，旨在拓展电子商务的创新空间，推进电子商务与实体经济深度融合，在发展中规范，在规范中发展。

（3）平等对待

《电子商务法》明确规定：电子商务技术中立、业态中立、模式中立。在立法过程中，各个方面逐渐对线上线下在无差别、无歧视原则下规范电子商务的市场秩序，达成了一定共识。法律明确规定，国家平等地对待线上线下的商务活动，促进线上线下融合发展。

（4）法律衔接

《电子商务法》是电子商务领域的一部基础性法律，但因为制定得比较晚，其中的一些制度在其他法律中都有规定。电子商务立法主要针对电子商务领域特有的矛盾来解决其特殊性的问题，或其他法律没有涉及的方面，在整体上处理好《电子商务法》与一些已有的法律之间的关系，弥补现有电子商务相关法律法规的不足，如在市场准入方面与现行的《商事法》相衔接；在数据文本方面与《合同法》和《电子签名法》相衔接；在纠纷解决方面与现有的《中华人民共和国消费者权益保护法》相衔接；在电商税收方面与现行《中华人民共和国税收征收管理法》等税法相衔接；在跨境电子商务方面与联合国国际贸易法委员会制定的《电子商务示范法》《电子合同公约》等国际规范相衔接。

学有所思

根据你对电子商务法律相关内容的学习，谈一谈我国的电子商务法与传统法律有何异同，其主要特点是什么？

_____

_____

_____

_____

自学测试

1. 单选题

(1)狭义上的电子商务用 E-Commerce 表示，广义上的电子商务表示为(　　)。

    A. Electronic internets   B. Electronic Intranet

    C. Electronic Business   D. Electronic Consumer

(2)电子商务的概念模型由电子商务实体、(　　)、交易事务以及信息流、资金流，商流和物流等基本要素构成。

    A. 网络市场   B. 电子市场

    C. 交易市场   D. 贸易市场

(3)电子商务法的调整对象是(　　)。

    A. 商家与消费者之间的服务关系

    B. 电子商务交易活动中发生的各种社会关系

    C. 现实社会中的各种商事活动实体之间的关系

    D. 企业与员工之间的劳务关系

(4)参加电子商务交易的各方可以自行选择交易的方式和内容，这符合电子商务法的(　　)。

    A. 意思自治原则   B. 中立原则

    C. 功能等同原则   D. 安全原则

(5)电子商务框架结构中不包含(　　)。

    A. 基础层   B. 信息层

    C. 服务层   D. 功能层

2. 多选题

(1) 下列属于电子商务产生背景的有(　　　)。

　　A. 信息技术的发展　　　　　　B. 信用卡的普及

　　C. 政策的支持　　　　　　　　D. 经济的发展

(2) 电子商务的组成要素有(　　　)。

　　A. 网络　　　　　　　　　　　B. 消费者和商家

　　C. 认证机构　　　　　　　　　D. 网上银行

(3) 电子商务中包含的流有(　　　)。

　　A. 信息流　　　　　　　　　　B. 资金流

　　C. 技术流　　　　　　　　　　D. 物流

(4) 电子商务系统的组成要素有(　　　)

　　A. 无线电　　　　　　　　　　B. 供应方,需求方,电子商务服务商

　　C. 认证机构　　　　　　　　　D. 网上银行

(5) 电子商务法的立法原则中的中立原则包括(　　　)。

　　A. 技术中立　　　　　　　　　B. 媒介中立

　　C. 内容中立　　　　　　　　　D. 实施中立

3. 简答题

(1) 电子商务的概念是什么?

(2) 电子商务的构成要素有哪些?

(3) 请简述我国《电子商务法》的特点。

📋 项目实训

项目背景

　　小莉同学今年进入大学,选择了电子商务专业。进入大学的第一天,小莉就暗暗下定决心一定要好好规划大学生活,努力学好专业知识,掌握专业技能,为自己的就业打下坚实的基础。

任务一 制作电子商务知识图谱

任务描述

第一步，小莉准备系统地认识电子商务，了解电子商务的基本概念。请根据小莉的需求，为小莉设计电子商务知识图谱。

操作指南：请完成电子商务知识图谱

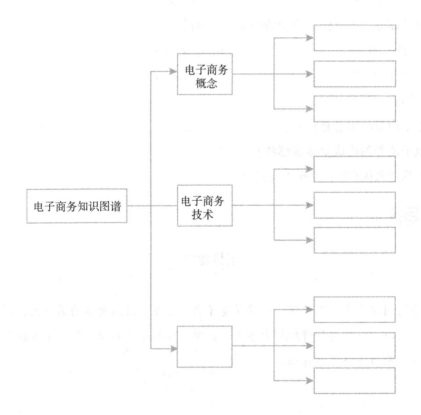

任务二　编写电子商务专业岗位说明表

第二步，小莉准备系统地了解电子商务专业的目标就业岗位及其岗位职责与能力要求。请根据小莉的需求，为小莉设计电子商务专业就业岗位说明表。

操作指南:

搜索主流招聘网站，查看岗位描述说明

就业岗位说明表

岗位类型	主要岗位	岗位主要职责	岗位能力要求
技术类岗位	Web 开发		
	前端开发		
产品类岗位	产品经理		
	产品助理		
设计类岗位	美工		
	平面设计		
运营类岗位	网店运营		
	网站运营		
市场类	网络推广		
	营销策划		
传媒类	带货主播		
	编辑		
	文案		

任务三　设计电子商务专业职业规划

任务描述

　　第三步，小莉准备设计个人职业规划，合理的职业规划能让大学生们形成充分的自我认知，包括性格、兴趣、价值观、行业发展环境、行业发展规律、职业职能等。请根据小莉的需求，为她设计职业发展规划。

步骤1：自我性格分析（运用 MBTI 性格类型测试方法）

分析角度	
兴趣爱好	
性格特征	
价值观	

步骤2：职业倾向分析（运用霍兰德职业兴趣测试方法）

分析角度	
职业倾向	
职业能力	
职业价值观	

步骤3：撰写职业规划书。

一、自我分析（45%）

结合职业测评及其他自我分析方法，对自己进行全方位、多角度的分析。

二、职业分析（15%）

参考职业测评建议并通过对相关人员职业生涯的探索，对影响职业选择的相关外部环境进行较为系统的分析。

三、职业定位(10%)

综合第一部分自我分析以及第二部分职业分析的主要内容,形成本人职业定位的SWOT分析。

四、规划实施(10%)

规划实施的内容包括计划名称、时间跨度、总目标、分目标、计划内容、策略和措施等,且可分为短期、中期和长期计划。

五、论证(10%)

制定完职业生涯规划书后,从个人职业发展规划的必要性和可行性两个方面进行论证。

项目总结

通过对本章的学习,我的总结如下:

一、主要知识

1.

2.

3.

4.

二、主要技能

1.

2.

3.

4.

三、成果检验

1. 完成任务的意义:

2. 学到的知识和技能:

3. 自学的知识和技能:

4. 对电子商务发展的判断:

项目二　　电子商务技术

项目介绍

本项目主要讲述电子商务涉及的技术，包括互联网技术、互联网应用开发技术、云计算技术、大数据技术、物联网技术、VR 技术、AR 技术、人工智能技术等，这些技术的应用促进了电子商务的发展。通过对本项目的学习，学生能基本掌握电子商务技术的发展状况。

本项目的实践任务主要围绕对电子商务技术的简单应用展开，引导学生掌握接入互联网与通过互联网搜索目标信息的技术，并能够整理收集到的信息。

学习目标

(1) 了解互联网技术的主要内容；

(2) 了解互联网应用开发所涉及的主要计算机语言；

(3) 了解应用开发的发展趋势；

(4) 了解云计算的概念和应用；

(5) 了解大数据的定义和大数据的特征；

(6) 了解物联网的概念和应用；

(7) 了解 VR 和 AR 的概念和应用；

(8) 了解人工智能的定义和应用；

(9) 掌握接入互联网的方法；

(10) 掌握路由器的调试方法；

(11) 掌握通过互联网收集目标信息的技术；

(12) 掌握信息分类处理的技术。

知识结构

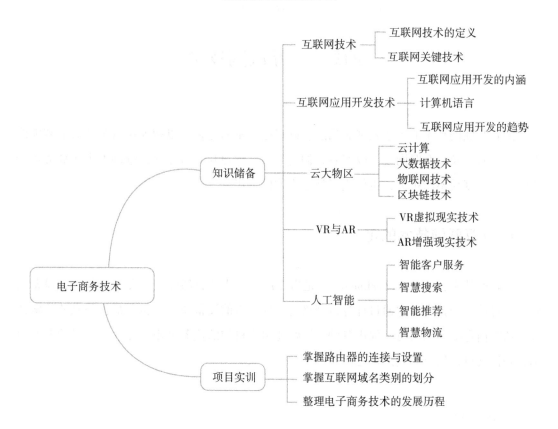

学习计划

小节内容		互联网技术与互联网应用开发技术	云计算、大数据、物联网与区块链	VR、AR 与人工智能
课前预习	预习时间			
	预习自评	难易程度　□易　□适中　□难 问题总结：		
课后巩固	复习时间			
	复习自评	难易程度　□易　□适中　□难 问题总结：		

📝 **知识储备**

模块一　互联网技术

随着互联网技术的飞速发展和信息基础设施的不断完善，以智能手机为代表的智能终端设备不断普及，互联网正在改变着人们的生活、学习和工作方式，推动着电子商务市场不断下沉，规模不断扩大，也促进了社会文明的进步。

(一) 互联网技术的定义

互联网技术，Internet Technology，是指在计算机技术的基础上开发建立的一种设备互联、信息传输的技术。它通过计算机网络将不同地点的设备相互连接，加快信息的传输速度，拓宽信息的获取渠道，促进各种应用赋能组织机构的业务创新。互联网技术的普遍应用，是社会进入信息时代的标志。

🔗 **知识牵引**

> 计算机网络是指利用通信线路和通信设备，把分布在不同地理位置、具有独立功能的多台计算机系统、终端及其附属设备互相连接起来，以功能完善的网络软件(网络操作系统和网络通信协议等)实现资源共享和网络通信的计算机系统的集合，它是计算机技术和通信技术相结合的产物。

Internet 采用客户机/服务器工作模式，使用 TCP/IP 协议与连接 Internet 的任意主机进行通信，不同的客户机、服务器，抑或不同的操作系统，均可看作 Internet 的一部分。用户将自己的客户机连接到某个网络上，再由这个网络接入 Internet，该网络通过网络干线与其他网络相连，网络干线之间通过路由器互连，使得各个网络上的计算机都能相互进行数据和信息传输。例如，用户的计算机通过拨号上网，连接到本地的某个 Internet 服务提供商(ISP)的主机上。而 ISP 的主机由通过高速干线与本国及世界各国各地区的无数主机相连，这样一来，用户仅通过一阶 ISP 的主机便可遍访 Internet。因此，也可以说，Internet 是分布在全球的 ISP 通过高速通信干线连接而成的网络。

行业观点

目前 IT 界对互联网技术有两种认知，分别从硬件、软件和应用三个方面去组合定义互联网技术。

互联网技术的第一层是硬件，主要指用于数据存储、处理和传输的主机和网络通信设备。

互联网技术的第二层是软件，包括可用来搜集、存储、检索、分析、应用、评估信息的各种软件，包括 ERP（企业资源计划）、CRM（客户关系管理）、SCM（供应链管理）等商用管理软件，也包括用来加强流程管理的 WF（工作流）管理软件、辅助分析的 DW/DM（数据仓库和数据挖掘）软件等。

互联网技术的第三层是应用，指搜集、存储、检索、分析、应用、评估各种信息，包括应用 ERP、CRM、SCM 等软件直接辅助决策，也包括利用其他决策分析模型或借助 DW/DM 等技术手段来进一步提高分析的质量，辅助决策者做决策（注意，只是辅助而不是代替人做决策）。

有些人理解的互联网技术是将前二层合二为一，统指信息的存储、处理和传输，后者则为信息的应用；也有人把后二层合二为一，则划分为硬件与软件。

(二) 互联网关键技术

目前互联网的关键技术主要有 TCP/IP 协议、IP 地址和域名标识技术。TCP/IP 协议是网络中使用的最基本的通信协议。TCP/IP 传输协议对互联网中各部分的通信标准和方法进行了规定。IP 地址和域名标识技术是为了确保 Internet 上的每台主机在通信时能相互识别，给予每台主机一个唯一的标识。

1. TCP/IP 技术

TCP/IP 是 Internet 的核心，利用 TCP/IP 协议可以方便地实现多个网络的无缝连接。通常某台主机在 Internet 上通过 Internet 地址（即 IP 地址）运行 TCP/IP 协议，可以向 Internet 上的所有其他主机发送 IP 分组，如图 2-1 所示。

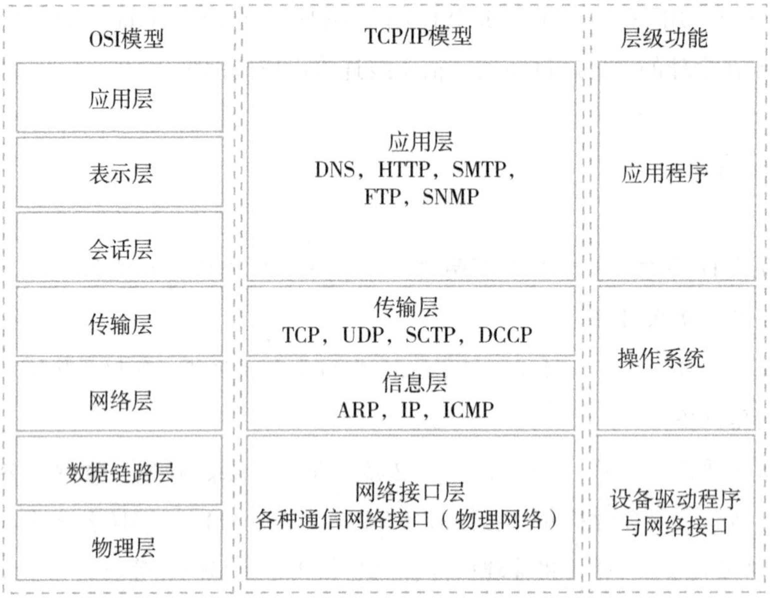

图 2-1　TCP/IP 与 OSI 模型

TCP/IP 的层次模型分为四层，其最高层相当于 OSI（开放系统互联通信参考模型）的 5~7 层，该层中包括了所有的高层协议，如常见的文件传输协议 FTP、电子邮件 SMTP、域名系统 DNS、网络管理协议 SNMP、访问 WWW 的超文本传输协议 HTTP 等。

TCP/IP 的次高层相当于 OSI 的运输层，该层负责在源主机和目的主机之间提供端到端的数据传输服务。这一层主要定义了两个协议：面向连接的传输控制协议 TCP 和无连接的用户数据报协议 UDP。

TCP/IP 的第二层相当于 OSI 的网络层，该层负责将 IP 分组并独立地从信源传送到信宿，主要解决路由选择、阻塞控制及网际互联问题。这一层定义了互联网协议 IP、地址转换协议 ARP、反向地址转换协议 RARP 和互联网控制报文协议 ICMP 等协议。

TCP/IP 的最底层为网络接口层，该层负责将 IP 分组封装成适合在物理网络上传输的帧格式并发送出去，或将从物理网络接收到的帧卸装并取出 IP 分组递交给高层。这一层与物理网络的具体实现有关，自身并无专用的协议。事实上，任何能传输 IP 分组的协议都可以运行。虽然该层一般不需要专门的 TCP/IP 协议，各物理网络可使用自己的数据链路层协议和物理层协议，但使用串行线路进行连接时仍需要运行 SLIP 或 PPP 协议。

2. IP 地址和域名标识技术

（1）主机 IP 地址

为了确保通信时能相互识别，Internet 上的每台主机都必须有一个唯一的标识，即主机的 IP 地址。IP 协议就是根据 IP 地址实现信息传递的。IP 地址由 32 位(即 4 字节)二进制数组成,为书写方便,常将每一个字节作为一段并以十进制数来表示,每段间用"."分隔,如 202.96.209.5 就是一个合法的 IP 地址。

知识牵引

开放式系统互联通信参考模型(Open System Interconnection Reference Model,简称 OSI),是一种概念模型,由国际标准化组织提出,是一个使各种计算机在世界范围内互连为网络的标准框架,定义为 ISO/IEC 7498-1。OSI 将计算机网络体系结构划分为以下七层。

(1)应用层(Application Layer)提供为应用软件而设的接口,以设置与另一应用软件之间的通信,如 HTTP、HTTPS、FTP、TELNET、SSH、SMTP 等。

(2)表达层(Presentation Layer)把数据转换为能与接收者的系统兼容并适合传输的格式。

(3)会话层(Session Layer)负责在数据传输中设置和维护计算机网络中两台计算机之间的通信连接。

(4)传输层(Transport Layer)把传输表头(TH)加至数据以形成数据包。传输表头包含所使用的协议等信息,如传输控制协议(TCP)等。

(5)网络层(Network Layer)决定数据的路径选择和转寄,将网络表头(NH)加至数据包,以形成分组。网络表头包含了网络数据。

(6)数据链路层(Data Link Layer)负责网络寻址、错误侦测和改错。当表头和表尾被加至数据包时,会形成帧。数据链表头(DLH)包含物理地址和错误侦测及改错的方法。数据链表尾(DLT)是一串指示数据包末端的字符串,分为两个子层:逻辑链路控制(logic link control,LLC)子层和介质访问控制(media access control,MAC)子层。

(7)物理层(Physical Layer)在局部局域网上传送数据帧(data frame),它负责管理计算机通信设备和网络媒体之间的互通,包括针脚、电压、线缆规范、集线器、中继器、网卡、主机适配器等。

IP 地址由网络标识和主机标识两部分组成。常用的 IP 地址有 A、B、C 三类,每类均规定了网络标识和主机标识在 32 位二进制数中所占的位数。它们的表示范围分别为:①A 类地址:0.0.0.0~127.255.255.255;②B 类地址:128.0.0.0~191.255.255.255;③C 类地址:192.0.0.0~233.255.255.255。

A 类地址一般分配给具有大量主机的网络使用，B 类地址通常分配给中等规模的网络使用，C 类地址通常分配给小型局域网使用。为了确保唯一性，IP 地址由世界各大地区的权威机构 Inter NIC(Internet Network Information Center)管理和分配。

知识牵引

由于网络的迅速发展，已有协议(IPv4)规定的 IP 地址已不能满足用户的需求，所以 IPv6 应运而生。IPv6 采用 128 位地址长度，几乎可以不受限制地提供地址。此外，IPv6 还解决了 IPv4 中如端到端连接、安全性、多插、移动性和即插即用等问题。IPv6 将成为未来新一代的网络协议标准。

（2）域名系统和统一资源定位器

32 位二进制数的 IP 地址对计算机来说十分有效，但不方便用户使用和记忆。为此，Internet 引进了字符形式的 IP 地址，即域名。域名采用层次结构的基于"域"的命名方案，每一层由一个子域名组成，子域名间用"."分隔，其格式为：机器名．网络名．机构名．最高域名。

Internet 上的域名由域名系统 DNS(Domain Name System)统一管理。DNS 是一个分布式数据库系统，由域名空间、域名服务器和地址转换请求程序三部分组成。有了 DNS，域名空间中有定义的域名都可以有效地转换为对应的 IP 地址，同样，IP 地址也可通过 DNS 转换成域名。

万维网(World Wide Web，简称 WWW)上的每一个网页(Home Page)都有一个独立的地址，这些地址称为统一资源定位器(URL)，只要知道某网页的 URL，便可直接打开该网页。

知识牵引

在浏览器的地址栏里输入的网站地址叫作 URL（Uniform Resource Locator，统一资源定位器）。就像身份证上都有户籍地址一样，每个网页也都有一个 Internet 地址。当用户在浏览器的地址框中输入一个 URL 或单击一个超级链接时，URL 就确定了要浏览的地址。浏览器通过超文本传输协议（HTTP），将 Web 服务器上站点的网页代码提取出来，并显示成网页。因此，在我们认识 HTTP 之前，有必要先弄清楚 URL 的组成，例如：http：//www．baidu．com/china/index．htm。它的含义如下：

1. http：//：代表超文本传输协议，通知 baidu. com 服务器显示 Web 页，通常不用输入；

2. www：代表一个 Web(万维网)服务器；

3. baidu. com/：这是装有网页的服务器的域名或站点服务器的名称；

4. china/：为该服务器上的子目录，就好像文件夹；

5. Index. htm：是网站的首页文件，是服务器中的一个 HTML 文件(网页)。

网址(url)和域名的关系：网址是打开网站的地址。比如，http：//zhidao. baidu. com/question 是网址；域名是 zhidao. baidu. com，指 http：//前面到第一个/中间的一段。

(3)用户 E-mail 地址

用户 E-mail 地址的格式为：用户名@ 主机域名。其中用户名是用户在邮件服务器上的信箱名，通常为用户的注册名、姓名或其他代号，主机域名则是邮件服务器的域名。用户名和主机域名之间用"@"分隔。

由于主机域名在 Internet 上的唯一性，所以，只要 E-mail 地址中用户名在该邮件服务器中是唯一的，则这个 E-mail 地址在整个 Internet 上也是唯一的。

📋 课程思政

2022 年 4 月，中国通信院正式发布了《全球 5G 专利活动报告(2022 年)》，根据报告显示，截至 2021 年 12 月 31 日，在 ETSI 进行 5G 专利声明的产业主体中，排名前 10 名的企业分别是华为(14%)，高通(9.8%)，三星(9.1%)，LG(8.3%)，中兴(8.3%)，诺基亚(7.6%)，爱立信(7.2%)，大唐(4.9%)，OPPO(4.5%)，夏普(3.4%)。前 10 名中，中国厂商占了 4 名，分别是华为、中兴、大唐、OPPO，并且这 4 大厂商合计就占了 32%左右，接近三分之一了。

>>>想一想：为什么中国厂商在 5G 专利上能够一马当先？

_____

_____

_____

🔖 学有所思

　　根据你对互联网技术相关内容的学习，请想一想互联网技术对于电子商务的发展起到了哪些作用？

_____

_____

_____

_____

_____

模块二　互联网应用开发技术

云计算、大数据、人工智能技术的应用和发展，对互联网应用开发领域产生了巨大的影响。微服务架构与云原生完美契合，使得互联网应用开发变得更加便捷，用户可根据业务需要，自由地选择相应的模块，组合成最后的应用系统，快速完成互联网应用开发工作，使得原本复杂、难度高的应用开发工作变得更简单，也更灵活，对促进企业的电子商务发展带来了极大的便利。

(一)互联网应用开发的内涵

互联网应用开发是指企业为实现企业经营与管理的数字化、信息化而开发互联网应用系统，其目的是为了使企业经营和管理流程便捷高效。互联网应用开发是企业数字化改造的重要环节。互联网应用开发的内核是数字化、信息化、网络化，即依托互联网应用对企业业务拓展、业务管理、业务流程等层面进行改造，对员工的业务开展、企业的业务管理等方面进行赋能，使得业务流程规划、业务开展策略有据可循，业务管理、业务评价有章可查，且在实时性、灵活性、交互性、便捷性等方面得到极大的增强。

互联网应用模式的发展大体经历了四个阶段：一是以 Mainframe 为中心的集中处理式网络，即主机/终端模式(Host/Terminal)；二是以单台计算机为中心并辅以文件集中管理的局域网络系统，即文件/服务器模式，简称 F/S 模式(File/Server)；三是注重客户端与服务器应用配合的分布式计算处理网络系统，即客户/服务器模式，简称 C/S 模式(Client/Server)；四是目前正在兴起的以 Web 浏览器与服务器为中心的互联网模式，即浏览器/服务器模式，简称 B/S 模式(Browser/Server)，如图 2-2 所示。

图 2-2　Host/Terminal 到 B/S 模型演变

主机/终端模式由于硬件选择有限，硬件投资得不到保证，已被逐渐淘汰。

F/S 模式由于服务器基本只能起到文件柜的作用，计算服务功能太弱，因此在 1994 年以前的局域网中应用较广，但目前也被逐渐淘汰。

C/S 模式兴起于 1995 年左右，由微软(Microsoft)公司推动，特别是其产品 Windows NT Server 是典型的 C/S 模式产品。C/S 模式主要由客户应用程序(Client)、服务器管理程序(Server)和中间件(Middle Ware)三个部分组成，如图 2-3 所示。相较主机/终端模式与 F/S 模式，Client/Server 模式更加明确，并且均衡了客户端与服务器的作用，提高了网络的事务处理效率，但要求使用者对网络和计算机系统有一定的了解，而且不同的网络服务要求客户端使用不同的专用客户端软件，还会有不同的用户界面，这给客户的使用和整个网络应用系统的维护带来了很大的困难和不便。

图 2-3 C/S 结构的工作模式

B/S 模式严格来说是 C/S 模式的拓展，或者说是采用客户端浏览器标准软件的、以 Web 服务器为中心的特殊 C/S 模式。目前流行的 B/S 模式是把传统 C/S 模式中的服务器部分分解为一个数据库服务器与一个或多个应用服务器(Web 服务器)，从而构成一个三层结构的客户/服务器体系，如图 2-4 所示。第一层客户机是用户与整个网络应用系统的接口，而客户的应用程序精简到只需一个通用的浏览器软件，如 Internet Explorer 等。

(二)计算机语言

计算机语言(Computer Language)指人与计算机之间通信的语言，是人与计算机之间传递信息的媒介。为了使计算机能进行各种工作，就需要一套用于编写计算机程序的数字、字符和语法规则等组成的、计算机能接受的语言，并作为一种指令传达给计算机执行。计

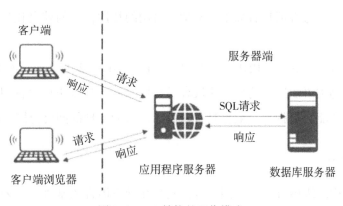

图 2-4　B/S 结构的工作模式

算机语言主要分为机器语言、汇编语言、标记语言、脚本语言、编程语言。

1. 机器语言

机器语言是计算机最原始的语言，是由 0 和 1 组成的代码构成，CPU 在工作的时候只认识机器语言。

2. 汇编语言

汇编语言是一种低级语言，它使用人类能够理解、记忆的英文缩写词、字母和数字等符号来表示指令代码，如 AND 代表加法。

3. 标记语言

标记语言是一种将文本及与文本相关的其他信息结合起来，展现出关于文档结构和数据处理细节的电脑文字编码。标记语言不仅仅是一种语言，它将与文本相关的其他信息（包括文本的结构和表示信息等）与原来的文本结合在一起，但是使用标记进行标识。和其他许多语言一样，标记语言需要运行环境才能发挥作用。xml、html、shtml（xml 与 html 的合体）等都是标记语言。

4. 脚本语言

脚本语言（解释型语言）是为了缩短编程语言的编写、编译、链接、运行等过程而创建的计算机编程语言，是一种用来解释某“是什么”的语言，又被称为扩建的语言或动态语言，用来控制应用程序。脚本通常以文本的形式保存，只在被调用时进行解释或编译。

早期的脚本语言经常被称为批量处理语言或工作控制语言。一个脚本通常是解释运行而非编译。脚本语言通常都具有简单、易学、易用的特性，目的就是让程序员快速完成程序的编写工作。

各种动态语言，如 ASP、PHP、CGI、JSP、JavaScript、VBScript 以及 Python、ruby 等，都是脚本语言。脚本语法比较简单，比较容易掌握，并且与应用程序密切相关，包括相对应用程序自身的功能，但脚本一般不具备通用性，所能处理的问题范围有限。

5. 编程语言

编程语言又称高级语言、编译型语言，它是在低级语言的基础上，采用接近人类自然语言的单词和符号来表示一组低级语言程序，使编程变得更加简单、易学，且写出的程序可读性强。

编程语言是用来定义计算机程序的形式语言。它是一种被标准化的交流技巧，用来向计算机发出指令。这种计算机语言让程序员能够准确地定义计算机所需要使用的数据，并精确地定义在不同情况下所应当采取的行动。常用的编程语言有 C/C++、Java、Perl 等。

课堂讨论

>>>议一议：你还知道哪些编程语言，这些语言有何特点？

（三）互联网应用开发的趋势

在云计算、大数据和人工智能的技术支持下，互联网应用开发变得更便捷、灵活和智能，主要表现出以下发展趋势。

1. 渐进式 Web 应用开发更受欢迎

渐进式 Web 应用程序（PWA）是使用 2020 年 Web 标准，允许在用户的计算机或设备上安装并向用户提供类似应用程序体验的网站，是开发人员提高其 Web 应用程序加载速度和性能的最佳方法。PWA 不需要用户去 App Store 里搜寻 App，然后下载安装，它直接可以从网站上找到。PWA 具有移动 App 的全部功能，包括内容与消息推送，可以有效提高用户参与度，增加产品转化率，多用于电商、银行、旅游、媒体和医疗保健等领域。PWA 可以在移动设备、台式机以及平板电脑上运行，且不会出现兼容问题，能为用户提供跨设备无缝体验。

2. 低代码开发平台迅速发展

低代码开发平台(LCDP)是进行无需编码(0 代码)或通过少量代码就可以快速生成应用程序的开发平台，一般通过可视化、图形化的界面进行应用程序开发，使具有不同经验或水平的开发人员可以通过利用拖曳组件的方式、基于模型驱动的逻辑来创建网页和移动应用程序。具有明确目标和清晰工作流程与结构的产品，比较适合用低代码开发平台来构建，因此，对于广大中小企业而言，低代码开发平台因其组织流程相对简单而大受欢迎。

3. 微服务将成为主流

微服务与生俱来便具备云原生的完美技术形态，可以实现软件的快速开发，成为被开发人员广泛使用的一种开发方法。微服务是面向服务体系结构(SOA)样式的一种变体软件开发技术，它提倡将单一应用程序划分成一组小的服务，服务之间互相协调、互相配合，为用户提供最终价值。每个服务运行在其独立的进程中，服务与服务间采用轻量级的通信机制互相沟通(通常是基于 HTTP 的 Restful API)。每个服务都围绕着具体业务进行构建，并且能够独立地部署到生产环境、类生产环境等。

田 学有所思

你平时使用电脑或手机上网时使用了哪些应用软件，请思考它们有何差异，分别是怎么开发出来的?

_____

_____

_____

_____

模块三　云大物区

(一) 云计算

云计算(Cloud Computing)是 IT 产业发展到一定阶段的必然产物。在云计算概念诞生之前,很多公司就可以通过互联网提供诸多服务,如订票、地图、搜索以及硬件租赁业务等。随着服务内容和用户规模的不断增加,市场对于服务的可靠性、可用性的要求也越来越高,通过集群等方式很难满足,于是各地纷纷建设数据中心。一些互联网大公司有能力建设分散于全球各地的数据中心来满足其业务发展需求,并且有富余的可用资源,于是这些公司就将自己的基础设施作为服务提供给相关用户,这就是云计算的由来。

云计算是一种新兴的商业计算模型。它将计算任务分布在由大量计算机构成的资源池中,使各种应用系统能够根据需要获取计算能力、存储空间和各种软件服务。之所以称为云,是因为它在某些方面具有现实中云的特征,如规模较大、可以动态伸缩、边界模糊等。人们无法也无须确定云的具体位置,但它确实存在于某处。

1. 云计算的概念

云计算以公开的标准和服务为基础,以互联网为中心,提供安全、快速、便捷的数据存储和网络计算服务,让云成为每一个网民的数据中心和计算中心。

美国国家标准与技术研究院(NIST)对云计算的定义如下:云计算是一种按使用量付费的模式,这种模式提供可用的、便捷的、按需的网络访问,进入可配置的计算资源共享池(资源包括网络、服务器、存储、应用软件、服务等),这些资源能够被快速提供,只需投入很少的管理工作,或与服务供应商进行很少的交互。

通俗地说,云计算的"云"就是储存在互联网中服务器集群上的资源,它包括硬件资源(如服务器、存储器、CPU 等)和软件资源(如应用软件、集成开发环境等),本地计算机只需要通过互联网发送一个需求信息,远端就会有成千上万的计算机提供需要的资源并将结果返回到本地计算机。本地计算机几乎不需要做什么,所有的处理都由云计算提供商所提供的计算机群来完成。

2. 云计算的特点

云计算使计算分散在大量的分布式计算机上，而非本地计算机或远程服务器中。企业数据中心的运行模式与互联网更相似，这使得企业能够将资源切换到需要的应用上，根据需求访问计算机和存储系统。综合研究现状来看，云计算具有以下特点。

（1）便捷性强

用户可以使用任意一种云终端设备，在地球上任意一处获取相应的云服务。用户请求的所有资源并不是有形的、固定不变的实体，而是来自庞大的"云"。用户不需要担心，更不用了解应用服务在"云"中的具体位置，而仅仅需要使用"云"终端，如计算机或手机，就可以通过网络服务来满足其需要。

（2）可靠性高

"云"是一个特别庞大的资源集合体。云服务可按需购买，就像在日常生活中购买煤气、水、电一样。"云"本身使用了多种措施来保障所提供服务的可靠性，如数据多副本容错、计算节点同构可互换等，使用户使用云计算比使用本地计算机更加可靠、高效。

（3）成本低

用户仅需要花费很少的时间和金钱就能完成以前需要大量人力和财务才能完成的任务。这正是"云"采用廉价的节点来施行特殊容错措施所带来的巨大好处。因此，提供云服务的企业不必再为"云"的自动化、集中式管理负担过高的数据管理费用。

（4）潜在的危险性

用户在使用云服务时都会涉及一些"数据"，因此，在选择云计算服务时必须要保持高度警惕，避免让这些提供云服务的私有机构以"数据"的重要性挟制用户。与此同时，还要考虑到商业机构在使用云服务时，商业机密的泄露风险、数据的安全等因素。这些都是"云"领域需要改善的地方。

3. 云计算的应用

云计算应用的范围很广，如云物联、云服务、云计算、云存储、云安全、云游戏、云会议、云教育等，下面将从云服务、云计算、云存储、云安全这四个方面来分析云计算的应用。

（1）云服务

云服务是一种更广义的服务方式，其典型代表就是苹果的云服务 iCloud。这是一款可与 iPhone、iPad、iPod touch、Mac 等设备的应用程序完美兼容的云服务免费套件，它能够存储某台苹果设备上的数据内容，并自动推送给用户所有的苹果设备。也就是说，当用户修改某个苹果设备上的信息时，所有相关设备上的信息几乎同时得以更新。此外，iCloud 还增加了云备份与音乐自动同步功能，可以每天自动备份用户购买的音乐、应用、电子书、音频、视频以及属性设置与软件数据等。iCloud 的 Photo Stream 服务可自动上传用户拍摄的照片，导入任意设备，并推送至用户的所有设备。当用户使用 iPhone 拍摄照片后，回家后即可与 iPad(或 . applets)上的整个群组共享，这项服务非常受欢迎。

(2)云计算

云计算其实是一种资源交付和使用模式，指通过网络获得应用所需的资源。提供资源的网络被称为"云"。云计算具有按需服务、无限扩展、成本低和规模化四大特征。狭义云计算指 IT 基础设施的交付和使用模式，即通过网络以按需、易扩展的方式获得所需资源；广义云计算指服务的交付和使用模式，即通过网络以按需、易扩展的方式获得所需服务。这种服务与软件、互联网相关，也可以是其他服务。

云计算的核心思想是对大量用网络连接的计算资源进行统一管理和调度，构成一个计算资源池向用户提供按需服务。云中的资源在使用者看来是可以无限扩展的，并且可以随时获取，按需使用，随时扩展，按使用付费。

(3)云存储

云存储是在云计算的概念上延伸并发展出来的在线存储模式。在云计算时代，用户可以抛弃 U 盘等移动设备，只需要进入云存储的页面，将数据或文件上传，然后将 URL 地址分享给他人，对方可以直接打开浏览器访问 URL，再也不用担心因 PC 硬盘的损坏或者 U 盘打不开而发生资料丢失的事件。它可以分为公共云存储、内部云存储与混合云存储。

(4)云安全

云安全（Cloud Security）是网络时代信息安全的新产物，它融合了并行处理、网格计算、未知病毒行为判断等新兴技术和概念，通过网状的大量客户端对网络中软件行为的异常情况进行监测，获取互联网中木马、恶意程序的最新信息，并传送到服务器端进行自动分析和处理，再把病毒和木马的解决方案分发到每一个客户端。

根据云安全的策略，使用者越多，每位使用者就越安全，因为庞大的用户群足以覆盖互联网的每个角落，只要某个网站被挂马或某种新木马病毒出现，就会立刻被截获。

行业现状

　　行业权威研究机构 Gartner 发布的 2021 年全球云计算 IaaS 市场份额数据显示，阿里云排名全球第三，市场份额为 9.55%，连续 6 年实现份额增长；同时，阿里云排名亚太市场第一，市场份额为 25.53%。

全球云计算IaaS市场，2021				亚太云计算IaaS市场，2021			
排名	厂商	IaaS营收（美元，百万）	份额	排名	厂商	IaaS营收（美元，百万）	份额
1	亚马逊	35,380	38.92%	1	阿里云	8,465	25.53%
2	微软	19,153	21.07%	2	亚马逊	5,238	15.80%
3	阿里云	8,679	9.55%	3	微软	4,652	14.03%
4	谷歌云	6,436	7.08%	4	华为云	3,963	11.95%
5	华为云	4,190	4.61%	5	腾讯云	2,544	7.67%
6	腾讯云	2,585	2.84%	6	亚太	33,161	100%
	全球	90,894	100%				

数据来源：Gartner, Marker Share: IT Services, Worldwide, 2021

　　Gartner 数据显示，2021 年全球云计算市场保持稳健增长，从 2020 年 642.9 亿美元增长至 908.9 亿美元。其中，排名第一的亚马逊 AWS 份额较去年微跌，为 38.92%，微软、阿里云位居二三名，市场份额均有所扩大。在全球前六名中，有三家中国云厂商，其中华为云、腾讯云分别位居第五、第六名。

　　>>>议一议：阿里云在云计算市场中为什么能够挤进全球前三？

_____

_____

_____

(二) 大数据技术

　　大数据是一个较为抽象的概念，正如信息学领域中大多数新兴的概念一样，大数据至今尚无确切、统一的定义。通用的关于大数据的定义是指利用常用软件工具来获取、管理和处理数据所耗时间超过可容忍时间的数据集。这并不是一个精确的定义，因为无法确定常用软件工具的范围，可容忍时间也只是概略的描述。

1. 大数据的定义

互联网数据中心对大数据的定义如下：大数据一般会涉及两种或两种以上的数据形式。它要收集超过 100 TB 的数据，并且是高速、实时的数据流；或者从小数据开始，但数据每年会增长 60%以上。这个定义给出了量化标准，但只强调数据量大、种类多、增长快等数据本身的特征。

研究机构 Gartner 给出了这样的定义：大数据是需要新处理模式，才能具有更强的决策力、洞察发现力和流程优化能力的海量、高增长率和多样化的信息资产。这也是一个描述性的定义，在对数据描述的基础上加入了处理此类数据的某些特征，并用这些特征来描述大数据。

2. 大数据的特征

一是规模性（Volume）。规模性是指大数据巨大的数据量及其规模的完整性。目前，数据的存储级别已从 TB 扩大到 ZB。这与数据存储技术和网络技术的发展密切相关。数据加工、处理技术的更新，网络带宽的提升以及社交网络技术的迅速发展，使得数据产生量和存储量成倍增长。实质上，从某种程度上来说，数据数量级的大小并不重要，重要的是数据具有完整性。

二是高速性（Velocity）。高速性主要表现为数据流和大数据的移动性，现实中则体现在对数据的实时性需求上。随着移动网络的发展，人们对数据的实时应用需求更加普遍，如通过手持终端设备关注天气、交通、物流等信息。高速性要求具有时间敏感性和决策性的分析——能在第一时间获得重要信息。

三是多样性（Variety）。多样性指大数据有多种途径来源的关系型和非关系型数据。这也意味着要在海量、种类繁多的数据间发现其内在关联。在互联网时代，各种设备通过网络连成了一个整体。进入以互动为特征的 Web 2.0 时代后，个人计算机用户不仅可以通过网络获取信息，还成为信息的制造者和传播者。在这个阶段，不仅数据量开始了爆炸式增长，数据种类也开始变得繁多。除了简单的文本分析外，还可以对传感器数据、音频、视频、日志文件、点击流以及其他任何可用的信息进行分析。

四是价值性（Value）。价值性体现的是大数据运用的真实意义所在。其价值具有稀缺性、不确定性和多样性。

2021 年 6 月 10 日,《中华人民共和国数据安全法》(以下简称《数据安全法》)正式颁布,并于 2021 年 9 月 1 日起正式实施。《数据安全法》(2021 年)将与《中华人民共和国国家安全法》(2015 年)、《中华人民共和国网络安全法》(2017 年)、《网络安全审查办法》(2020 年)共同构成我国数据安全范畴下的法律框架。《数据安全法》作为我国第一部专门规定"数据"安全的法律,明确了对"数据"的规制原则。

>>>议一议:国家为什么重视数据安全,数据安全对国家安全有何影响?

_____

_____

_____

(三)物联网技术

伴随着科学技术的飞速发展,计算机网络通信技术的作用越发凸显,呈现出多元快速发展的局面。通过加强对新通信技术的研发,可以有效提高计算机网络的通信状况,提高其运营效率和安全性,极大地降低发生技术故障的概率。

1. 物联网概念

(1)物联网的出现

物联网(Internet of Things,IoT)的概念是在 1999 年提出的,当时不称为物联网而称为传感网。中国科学院在 1999 年就启动了传感网的研究和开发。2009 年 8 月,物联网被正式列为国家五大新兴战略性产业之一,并写入政府工作报告,在我国受到了极大的关注。物联网是新一代信息技术的重要组成部分,也标志着信息时代进入重要发展阶段。顾名思义,物联网就是物物相连的互联网,它包含两层意思:其一,物联网的核心和基础仍然是互联网,是在互联网基础上延伸和扩展的网络;其二,其用户端延伸和扩展到了任何物品与物品之间,使物和物能进行信息交换和通信,也就是物物相连。

美国、欧盟等都投入巨资深入研究、探索物联网。我国也高度关注、重视物联网的研究,有关部门正针对新一代信息技术展开探索,以形成支持新一代信息技术发展的政策与措施。

物联网通过智能感知、识别技术与普适计算等通信感知技术,广泛应用于网络融合,也因此被称为继计算机、互联网之后,世界信息产业发展的"第三次浪潮"。

(2)物联网的概念

目前,对于物联网的精确定义并未统一。比较准确的定义为:物联网是通过各种信息传感设备及系统(如传感器、射频识别系统、红外感应器、激光扫描器等)、条码与二维码、全球定位系统,按约定的通信协议,将物与物、人与物、人与人连接起来,通过各种接入网、互联网进行信息交换,以实现智能化识别、定位、跟踪、监控和管理的一种信息网络。这个定义的核心指出了物联网的主要特征:每一个物件都可以寻址,每一个物件都可以控制,每一个物件都可以通信。

2. 物联网的特点

和传统的互联网相比,物联网有着鲜明的特征。首先,它是各种感知技术的广泛应用。物联网中部署了海量的多种类型的传感器,每个传感器都是一个信息源,不同类别的传感器所捕获的信息内容和信息格式不同,且传感器获得的数据具有实时性,可按一定的频率周期性地采集信息,不断更新数据。其次,它是一种建立在互联网上的泛在网络。物联网技术的重要基础和核心仍旧是互联网,通过各种有线和无线网络与互联网融合,将物体的信息实时准确地传递出去。物联网中的传感器定时采集的信息需要通过网络传输,由于信息量极其庞大,在传输过程中,为了保障数据的正确性和及时性,必须适应各种异构网络和协议。最后,物联网不仅提供了传感器的连接,其本身也具有智能处理的能力,能够对物体实施智能控制。物联网将传感器和智能处理相结合,利用云计算、模式识别等各种智能技术,扩充其应用领域;并从传感器获得的海量信息中分析、加工和处理出有意义的数据,以适应不同用户的不同需求,发现新的应用模式。

物联网中的"物"要满足以下条件才能够被纳入"物联网"的范围:①要有数据传输通路;②要有一定的存储功能;③要有 CPU;④要有操作系统;⑤要有专门的应用程序;⑥遵循物联网的通信协议;⑦在网络中有可被识别的唯一编号。

3. 物联网的分类

物联网可分为私有物联网(Private IoT)、公有物联网(Public IoT)、社区物联网(Community IoTs)和混合物联网(Hybrid IoT)4 种。私有物联网一般面向单一机构内部提供服务。公有物联网基于互联网向公众或大型用户群体提供服务。社区物联网向一个关联的

"社区"或机构群体(如一个城市政府下属的各委办局——公安局、交通局、环保局、城管局等)提供服务。混合物联网是上述两种或以上的物联网的组合,但后台有统一的运维实体。

4. 物联网的主要应用领域

物联网的应用领域非常广阔,从日常的家庭个人应用,到工业自动化应用,甚至在军事反恐、城建交通等领域发挥着越来越重要的作用。当物联网与互联网、移动通信网相连时,人们的生活方式将从"感觉"跨入"感知",从"感知"再到"控制"。目前,物联网已经在智能交通、智能安防、智能物流、公共安全等领域初步得到实际应用。2010 年上海世博会的门票系统就是一个小型物联网的应用,该系统采用了射频识别(Radio Frequency Identification,RFID)技术,每张门票内都含有电路芯片,记录着参观者的资料,并能以无线方式与遍布园区的传感器交换信息,通过采用特定的密码算法技术,确保数据在传输过程中的安全性,外界无法对数据进行任何篡改或窃取。计算机系统通过这张门票能了解"观众是谁""现在在哪儿""同伴在哪儿"。观众进入园区,手机上就能收到一份游览路线建议图;随着参观的进行,观众随时能知道最近的公交站、餐饮店的位置。相应地,组织者也能了解各场馆的观众分布情况,既能及时向观众发出下一步的参观建议,防止场馆"冷热不均";又能有效调动车辆,提高交通效率。

物联网比较典型的应用还包括水电行业无线远程自动抄表系统、数字城市系统、智能交通系统、危险源和家居监控系统、产品质量监管系统等。

(四)区块链技术

区块链(Blockchain)是近年出现的一种新兴技术。2019 年,中央政治局第十八次集体学习时强调,要"把区块链作为核心技术自主创新的重要突破口""加快推动区块链技术和产业创新发展",自此,区块链走进大众视野,成为社会关注的焦点。

区块链是分布式数据存储、点对点传输、共识机制、加密算法等计算机技术的新型应用模式,本质上是一个去中心化的数据库。区块链技术是一项对电子商务具有颠覆性的新兴技术,具有去中心、保护用户隐私、降低交易和信任成本等特点,对平台、卖方、买方、物流等方面都具有积极作用。

第一,区块链对平台的积极作用体现在:区块链技术能在保障数据安全的前提下保证信息的公开透明,做到可追溯、可防伪,从而提升买方对平台的信任感。

第二，区块链对卖方的积极作用体现在：商品销售中所有环节的信息都能通过区块链技术实现透明化管理，卖方可以通过区块链向买方证明自身的信用（即溯源），借此降低信用成本。

第三，区块链对买方的积极作用体现在：通过区块链技术，买方可以更加快速且透明地了解卖方的信誉等级。买卖双方在电商平台上的每一步活动都会被记录在区块链上，无法被篡改。当买方发起维权时，更方便掌握对自己有用的信息，从而更好地维护自己的权益。

第四，区块链对物流的积极作用体现在：区块链技术可以实现对生产、运输过程的实时记录，交易双方都可以清楚地看到商品的运输状态。另外，区块链技术可以把商品从卖方发出到买方签收的全过程都记录下来，保证了运输的可追溯性，能减少运输过程中丢件或错领、误领现象的发生。

📖 学有所思

通过对云计算、大数据、物联网相关内容的学习，请你说一说这些技术对电子商务的影响主要表现在哪些方面？

_____

_____

_____

_____

_____

模块四　VR 与 AR

虚拟现实技术（Virtual Reality，VR）和增强现实技术（Augmented Reality，AR）是结合了仿真技术、计算机图形学、人机接口技术、图像处理与模式识别、多传感技术、人工智能等多项技术的交叉技术，但两者在实现原理和展现方式上有所区别。

VR 和 AR 的发展给电子商务带来了新的体验。用户通过 VR 可以在虚拟世界中了解商品信息；用户通过 AR 可以尝试试妆、试衣、试戴等原本在线下实体店才能实现的体验，从而消除了电子商务用户无法直接感知商品的缺点，拉近了用户与商品的距离，增强了用户的体验感。另外，结合大数据技术，VR 和 AR 还能有效促进智慧电子商务的发展。

（一）VR 虚拟现实技术

虚拟现实（Virtual Reality，VR）是一种可以创建和体验虚拟世界的实用技术，它运用计算机生成一种模拟环境，通过多源信息融合的交互式三维动态视景和实体行为的系统仿真，带给用户身临其境的体验。

VR 主要包括模拟环境、感知、自然技能和传感设备等技术。模拟环境是指由计算机生成实时的、动态的三维图像；感知是指人所具有的一切感官知觉，包括视觉、听觉、触觉、力觉、运动感知，甚至嗅觉和味觉等；自然技能是指计算机通过对人体行为动作数据进行处理，对用户输入做出实时响应的技术；传感设备是指三维交互设备。通过 VR，人们可以全角度地观看电影、比赛、风景、新闻等，VR 游戏技术甚至可以追踪用户的行为，对用户的移动、步态等进行追踪和交互。

VR 可以实现人机交互，让用户在操作过程中得到模拟环境的真实反馈，如推动虚拟世界中的物体时，物体会向力的方向移动、翻倒、掉落等。VR 给电子商务带来了新的体验升级，使用户"身临其境"，如用户可以 360 度观察商品的细节。

应用案例

　　2020 年 9 月，京东在北京举办了 VR 战略发布会，会上展示了 VR 购物应用——VR 购物星系，用户戴上 VR 头戴式显示设备以后可以体验到线下购物的真实感，使用 VR 控制器可以拿起选中的商品（主要聚集在 3C、家电等领域），并查看商品的内部结构、功能特性等。

（二）AR 增强现实技术

增强现实（Augmented Reality，AR）可以实时计算摄影机影像位置及角度，并赋予其相应的图像、视频、3D 模型。AR 是在 VR 的基础上发展起来的技术，它将计算机生成的文本、图像、三维模型、音频、视频等虚拟信息模拟仿真后，应用到真实世界中，从而实现对真实世界的"增强"。VR 带来的是百分之百的虚拟世界，而 AR 则以现实世界的实体为主体，并借助数字技术让用户可以探索现实世界并与之交互。用户通过 VR 看到的场景、人物都是虚拟的，而通过 AR 看到的场景、人物半真半假。AR 中的现实场景和虚拟场景的结合需借助摄像头进行拍摄，并在拍摄画面的基础上结合虚拟画面进行展示和互动。

AR 包含了多媒体、三维建模、实时视频显示及控制、多传感器融合、实时跟踪及注册、场景融合等多项新技术。AR 与 VR 的应用领域类似，多用于尖端武器、飞行器的研制与开发等，但 AR 对真实环境进行增强并显示输出的特性，使其在医疗、军事、古迹复原、网络视频通信、电视转播、旅游展览、建设规划等领域的表现更加出色。

在电子商务中，AR 被广泛应用于美妆、鞋服、家居等领域。用户能够 360 度查看商品的全貌，可以以 1∶1 的比例将商品放置到真实的环境中，还可以看到该商品与自己家中的环境设计是否搭配等，从而极大地节省了挑选商品的时间，增强了用户体验。

学有所思

通过对云计算、大数据、物联网相关内容的学习，请你说一说这些技术对电子商务的影响主要表现在哪些方面？

_____

_____

_____

_____

模块五　人工智能

人工智能(Artificial Intelligence，AI)也叫作机器智能，是指由人类制造的系统所表现出来具有处理相对复杂问题的能力，可以概括为一门研究智能程序或机器的科学。人工智能的主要研究目标在于使机器能模仿和执行人脑的某些智力功能，如判断、推理、识别、感知、理解、思考、规划、学习等思维活动，完成需要人类智能才能完成的复杂工作。人工智能在电子商务中的应用主要包括智能客户服务、智能搜索、智能推荐、智慧物流等。

(一) 智能客户服务

智能客户服务是指基于机器学习、大数据，自然语言处理、语义分析和理解等人工智能技术，智能客服系统以语音或文字等形式与用户沟通，能够理解用户咨询的问题，并基于解决问题，给用户发送文本、图片、语音、操作指令等内容。在实际应用中，智能客服机器人能快速解决用户提出的各种重复性问题，有效地缩短了人工客服处理问题的时间，提升了服务质量和用户体验，目前已被广泛地应用于各大电子商务平台。

(二) 智能搜索

当用户在智能搜索应用中输入图片、语音或音乐片段时，人工智能分析系统能识别和理解输入的内容并将检索出的信息准确地推送给用户。

在实际应用中，智能搜索可对用户拍摄或者上传的图片进行人工智能分析，根据图片的特征为用户推荐同款或相似的商品，不但可以缩短用户搜索商品的时间，而且能提高搜索结果的准确性，进而提高用户满意度和体验度。例如，用户在淘宝网、京东商城等网购平台中搜索商品时，如果文本不能很好地表达关键信息，可以使用图片进行智能搜索。智能搜索还能对用户的语音或哼唱的歌曲，通过人工智能分析语音特征，为用户推送相符的信息和音乐。用户在使用音乐软件时，对于不能说出歌名但知道其中某个片段的歌曲，用户只需哼唱歌曲片段，系统就能帮助用户准确找到相应的歌曲。

(三)智能推荐

智能推荐具体指智能推荐引擎的应用。智能推荐引擎基于大数据推荐算法,在海量数据的基础上分析用户的日常搜索、浏览与购物行为,预测并推荐用户可能感兴趣的内容,实现对用户的个性化推荐与服务,不仅淘宝网、拼多多等电子商务平台使用了智能推荐引擎,抖音、快手等短视频平台也使用了智能推荐引擎。

⊞ 应用案例

千人千面是淘宝在 2013 年提出的新的排名算法,依靠淘宝大数据及云计算能力,能从细分类目中抓取那些特征与买家兴趣点匹配的商品,展现在目标客户浏览的网页上,从而帮助卖家锁定真正的潜在买家,实现精准营销。淘宝的千人千面智能推荐中的标签是通过用户在平台上购买过的产品、添加过购物车的产品、浏览收藏过的产品等,即用户的购物行为轨迹,对每一位用户打上各种标签,然后通过标签来勾勒出用户画像,从中能够解读出用户的购物偏好;此外,不同商家产品的归类大体是依据色彩、原料、样式、价格以及产品的相关性、用户的购买反馈等要素进行标签定义,最终通过用户标签和产品标签的匹配实现智能推荐。

(四)智慧物流

智慧物流是指通过智能软硬件、物联网、大数据等智能技术,实现物流各环节精细化、动态化、可视化管理,提高物流系统智能化分析决策和自动化操作执行能力,提升物流运作效率的现代化物流模式。

物流是电子商务中的重要环节。物流配送的服务质量直接影响客户的满意度和忠诚度。特别是在当下,不管是包裹品类还是包裹数量都在快速增长,以往的人工分拣无法快速、准确地完成分揽任务。人工智能的不断发展促进了智能分拣机器人的出现。智能分拣机器人灵活性高、适应性强,可以根据分拣包裹的大小和数量进行智能增减,提高货物运输的效率。未来,终端的智能机器人配送也是智慧物流的应用场景之一。

📖 **学有所思**

　　随着人工智能技术的不断发展，越来越多的工作岗位将被人工智能所取代，请你谈一谈对此现象的看法。

_____

_____

_____

_____

_____

☑ **自学测试**

1. 单选题

（1）（　　）可供已连接互联网的计算机进行通信，使网络上的计算机相互交换各种信息。

　　　A. IP 地址　　　　　　　　B. TCP/IP

　　　C. HTTP　　　　　　　　　D. XML

（2）超文本是指包含超链接和各种多媒体元素标记的文本，这些超文本文件彼此链接，使用（　　）来表示链接。

　　　A. URL　　　　　　　　　B. Hypertext

　　　C. Web 服务器　　　　　　D. 浏览器

（3）连接到互联网的每一台主机都有唯一的地址标识，它是（　　）。

　　　A. IP 地址　　　　　　　　B. 统一资源定位器

　　　C. 用户名　　　　　　　　D. 计算机名

（4）人民网网址为 http：//www. people. com. cn/，该网站的顶级域名及其表示的含义是（　　）。

　　　A. www 万维网　　　　　　B. com 商业组织

　　　C. people 人名　　　　　　D. http 超文本传输协议

（5）以下不是电子商务领域新兴技术的是（　　）。

　　　A. 云计算　　　　　　　　B. 大数据

　　　C. 人工智能　　　　　　　D. 数据交换

2. 多选题

（1）互联网中常用的网络协议包括（　　）。

A. SMTP   B. HTTP

C. HTML   D. FTP

(2)互联网应用模式主要包括(   )。

A. B/S   B. C/S

C. S/B   D. S/C

(3) Internet 地址主要有 IP 和域名两种方式,下面的地址表示正确的有(   ).

A. 192. 168. 0. 132   B. 192,168,0,132

C. www. 11850. com   D. 11850. cn. com

(4)客户端主要完成与用户的交互与信息呈现等任务,其常用技术有(   )等。

A. HTML   B. JavaScript

C. XML   D. ess

(5)数据库管理技术主要包括(   )模型。

A. 关系型数据库   B. 网络式数据库

C. 层次式数据库   D. 逻辑式数据库

(6)电子数据交换系统的三要素包括(   )。

A. EDI 标准   B. 软硬件

C. 增值网络   D. 通信网络

(7)物联网在电子商务中的应用包括(   )。

A. 智能零售   B. 智慧生活

C. 智能制造   D. 智慧物流

(8)人工智能的应用领域包括(   )。

A. 智能客服   B. 智能搜索

C. 智能推荐   D. 智能分拣

3. 思考题

(1)电子数据交换系统的三要素各有何作用?

(2)Web 应用系统的结构是什么?

(3)云计算到底是什么?谈一谈你的理解。

(4)根据你的了解,人工智能除了应用于本章中介绍的领域,还被应用于哪些领域?请对其在该领域的具体应用进行说明。

(5)人工智能、物联网、大数据与云计算未来的发展前景如何?

项目实训

项目背景

通过对电子商务技术的学习，小莉同学明白了电子商务技术不仅能促进电子商务的发展，还推动了整个社会的进步。小莉希望通过自己在电子商务技术层面的认真钻研，掌握更多相关知识。

任务一　掌握路由器的连接与设置

任务描述

第一步，小莉先学习网络基本设置，掌握路由器的连接与设置方法。请根据小莉的需求，为小莉设计路由器连接与设置的步骤。

任务环境与工具：

网线；无线路由器；有线宽带入口；宽带账号和密码。

任务要求：

1. 设置网络名称为：电商实训专享网络；链接网络密码为：htTA2022iq

2. 设置路由器运行时间为：6：00—23：00

操作指南：

步骤1：将有线宽带线插入路由器 WAN 口，用一根网线从 LAN 口与电脑直连。还可以用手机通过 WiFi 连接至路由器进行设置。

步骤2：打开浏览器，输入 192.168.1.1 或者 192.168.0.1(具体见路由器说明书)。

步骤3：输入路由器管理员账号和密码(路由器的初始默认账号和密码一般为：admin，具体见路由器说明书)。

步骤4：进入设置界面后，通常会自动弹出设置向导，或者点击路由器管理界面上的设置向导。

步骤5：进入设置向导的界面，设置上网方式，选择拨号PPPoE，然后填写宽带账号和密码。

步骤6：进入连接设置，可以看到信道、模式、安全选项、SSID等选项，在SSID栏里输入"电商实训专享网络"，连接密码设置为"htTA2022iq"。点击下一步，设置成功。在管理界面的工具栏里找到"定时开关"选项并点击，设置开启时间：6：00—23：00。点击完成，路由器会自动重启。设置完毕。

任务二　掌握互联网域名类别的划分

任务描述

第二步，小莉准备学习域名的相关知识，希望更细致地了解域名的类型，了解不同类型域名的知名网站。请根据小莉的需求，整理域名分类和不同类型域名的知名网站列表。

操作指南：

通过互联网查阅资料，整理收集的资料

域名的类别

域名类型	域名后缀	域名的使用对象
国际域名	中国为.CN 日本为.JP 英国为.UK ……	不同国别的域名
商业性的机构或公司		
顶级、标杆组织机构或个人		

续表

域名类型	域名后缀	域名的使用对象
非营利的组织、团体		
政府部门		
……		

不同类型域名的知名网站

域名类型	知名网站	网站简介
国际域名	http：//www. people. com. cn/	人民日报官方网址
商业性的机构或公司		
顶级、标杆组织机构或个人		
……		

任务三　整理电子商务技术的发展历程

任务描述

　　第三步，小莉准备学习电子商务发展史，系统地了解技术创新对电子商务的影响。请协助小莉总结电子商务技术发展的大事记。

操作指南：

1. 通过互联网查阅并整理资料；
2. 通过查阅相关书籍，了解电子商务的发展历史。

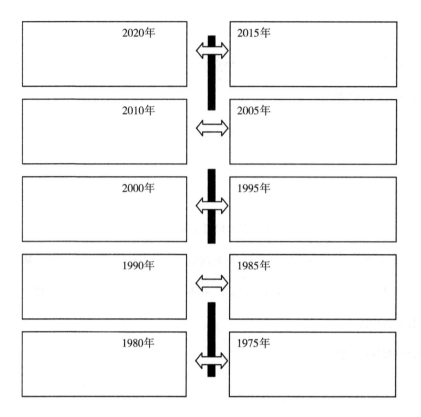

⊞ 项目总结

通过对本章的学习，我的总结如下：

一、主要知识

1.

2.

3.

4.

二、主要技能

1.

2.

3.

4.

三、成果检验

1. 完成任务的意义：
2. 学到的知识和技能：
3. 自学的知识和技能：
4. 科技对电子商务的影响：

项目三　　电子商务模式

项目介绍

　　本项目主要讲解电子商务不同模式的相关知识，介绍了按照交易主体分类、商务活动内容、交易地域范围三种典型的分类方式，并且围绕 B2C、B2B、O2O 三种典型模式展开论述，包括其主流平台、盈利模式、运作模式等。

　　本项目的实践任务是围绕身边的电子商务购物现象展开调研分析，深度解析不同的购物模式的特征和差异，以期通过实训让学生掌握对电子商务不同模式的分类技巧。

学习目标

（1）了解电子商务的分类依据；

（2）了解 B2C、B2B、O2O 模式的主流平台、盈利模式等内容；

（3）掌握电子商务分类的方法和技巧；

（4）掌握通过互联网获取目标信息的方法；

（5）掌握具体问题具体分析的处理技巧。

知识结构

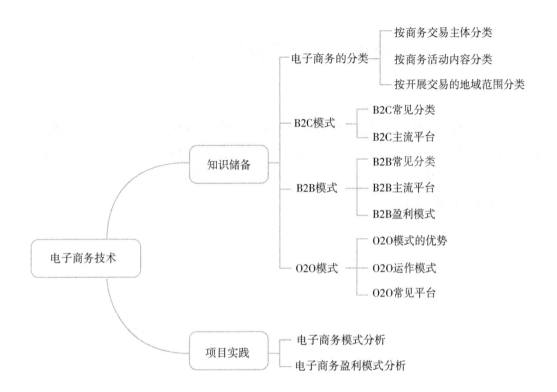

学习计划

小节内容		电子商务的分类	B2C 与 B2B	O2O
课前预习	预习时间			
	预习自评	难易程度 □易 □适中 □难 问题总结：		
课后巩固	复习时间			
	复习自评	难易程度 □易 □适中 □难 问题总结：		

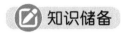

模块一　电子商务的分类

作为一种商务手段，电子商务的目标与传统商务没有任何区别，都是实现盈利，实现企业的存在价值。电子商务活动除了销售以外，还包括网络营销、活动策划等。电子商务的应用范围很广，从交易主体、商务活动的内容、开展交易的地域范围等不同角度可以将其分为不同的类型，如图 3-1 所示。

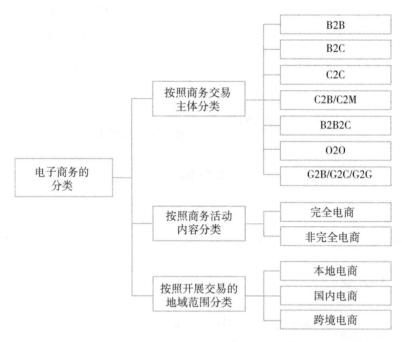

图 3-1　电子商务的分类

（一）按商务交易主体分类

电子商务通常在三类交易主体之间进行，即企业（Business）、政府部门（Government）和个人消费者（Consumer）。按信息在这三类交易主体之间的流向，电子商务可以分为以下七种类型。

1. 企业与企业之间的电子商务

企业与企业之间的电子商务(Business to Business,B2B)是企业与企业之间通过互联网或专用网络进行数据的交换、传递,开展交易活动的电子商务模式。B2B 是目前应用最广泛的一种电子商务模式,如生产型企业与上游原材料和零配件供应商、下游渠道商/经销商、物流运输商、营销服务商等之间利用各种网络商务平台开展电子商务活动;渠道商通过阿里巴巴等 B2B 平台向零售商销售不同公司的商品等。B2B 网站的典型代表有阿里巴巴、中国制造网、中国供应商、环球资源、慧聪网和敦煌网等,如图 3-2 所示。

图 3-2 主流 B2B 网站

2. 企业与消费者之间的电子商务

企业与个人消费者之间的电子商务(Business to Consumer,B2C)是企业与个人消费者之间进行商品或服务交易的电子商务模式。B2C 模式是我国最早产生的电子商务模式,它以 1999 年 8848 网上商城(2001 年 9 月倒闭)正式运营为标志。应用 B2C 模式的企业通常会自建网站来宣传或销售各种商品,或为其他企业提供交易平台,还可提供各类在线服务,如远程教育、在线医疗等。目前典型的 B2C 网站有天猫、京东商城、苏宁易购、携程旅行网、去哪儿网和当当网等,如图 3-3 所示。

3. 消费者与企业之间的电子商务

个人消费者与企业之间的电子商务(Consumer to Business,C2B)是一种由消费者先提出需求,然后由生产或商贸企业按需求组织生产或货源的电子商务模式。

图 3-3 主流 B2B 网站

一是消费者群体主导的 C2B，即通过聚合客户的需求，组织商家批量生产或组织货源，让利于消费者。团购就属于这种由消费者群体主导的 C2B 模式，即将零散的消费者及其购买需求聚合起来，形成较大批量的订单，从而向商家争取优惠价格，商家也可以从大批量的订单中享受到"薄利多销"的好处，这对消费者与商家而言是双赢的。团购也可称为 C2T(Consumer to Team) 模式。

二是消费者个体参与定制的 C2B(深度定制)。消费者参与商品定制的全流程，企业可以完全满足消费者的个性化需求。如果企业为制造厂商，也可以称作 C2M（Customer to Manufactory）。目前，应用这种方式最成熟的当属服装类、鞋类、家具类等行业。

视野拓展

相较 C2B，C2M 的产品个性化和端到端销售更为深入、彻底。在产品个性化方面，C2B 时代的用户大多通过网络平台发起定制，而最后定制出来的产品能满足某个特定群体的需求，表现为微调后的批量化生产；而 C2M 的个性化表现为用户和厂家直接对接，用户通过互联网平台提交个性化的产品需求，最终的产品依照用户的需求生产，有可能是仅有一件的"孤品"。在端到端销售方面，如果说 C2B 已经将销售环节减少至用户、电商平台、制造厂商，那么 C2M 则更彻底地建立了用户和制造厂商的直接连接。

可以把 C2B 看成 B2C 的反向过程，也可以看成是对 B2C 的补充。有人曾表示：未来的生意将会由 C2B 主导，而不是 B2C，是用户改变企业，而不是企业向用户（单向）出售产品和服务；制造商必须满足消费者的个性化需求，否则将很难得到发展。

4. 消费者与消费者之间的电子商务

个人消费者与个人消费者之间的电子商务（Consumer to Consumer，C2C）是个人消费者之间通过网络商务平台实现交易的电子商务模式。该模式不仅能够让消费者出售所持有的物品，而且能够支持个人消费者在网络商务平台上开网店创业，如物品持有者可通过淘宝网发布物品信息，有需求者可在淘宝网上购买或出价拍下所需要的物品。目前典型的 C2C 网站有拼多多、淘宝网以及二手电商平台闲鱼和转转等，如图 3-4 所示。

图 3-4　主流 C2C 网站

5. B2B2C 电子商务模式

B2B2C（Business to Business to Consumer）电子商务模式包括两种形式：一是生产厂商对商家、商家对消费者的交易链条，如出版社出版图书后，直接将图书交给销售商，由销售商在网上销售，消费者可以在网上购买这一商品；二是生产厂商同时面对供应商和消费者，如海尔通过海尔招标网采购原材料（B2B），通过海尔商城销售海尔系列产品（B2C）。

由此衍生出的 S2B2C（Supplier to Business to Consumer）是一种集合供货商赋能于渠道商并共同服务消费者的全新电子商务模式。该模式的重点是：大供货商（S）一方面要整合上游优质供应商，另一方面要给渠道商（B）提供各种技术、数据支持，同时辅助渠道商（B）完成对消费者（C）的服务。而渠道商（B）在其中的作用则是一对一地与消费者（C）进行沟通，发现其需求或建议，并将这些信息反馈给大供货商（S），以便落实消费者（C）所需的服务。

6. O2O 模式

O2O（Online to Offline）模式是指将线下商务与互联网结合在一起，让互联网成为线下交易的前台，商家可以在线上揽客，线下提供商品或服务；消费者可以在线上搜索商品或服务，线下完成交易。在 B2C 和 C2C 模式下，在线支付购买的商品会通过物流公司送到消费者手中；而在 O2O 模式下，消费者在线支付购买线下的商品和服务，然后到线下去自提商品或享受服务。目前典型的 O2O 网站有美团、猫眼电影、哈啰出行、饿了么、神州租车、58 同城等，如图 3-5 所示。

图 3-5　主流 O2O 网站

7. 电子政务

电子政务是指运用计算机、网络和通信等现代信息技术手段，实现政府组织结构和工作流程的优化重组，超越时间、空间和部门的限制，构建精简、高效、廉洁、公平的政府运作与管理模式，以便全方位地向社会提供优质、规范、透明的，符合国际标准的监管与服务。

电子政务涉及的范围非常广泛，其内容几乎包括传统政务活动的各个方面。根据用户的不同，电子政务可分为政府与企业之间的电子政务（Government to Business，G2B）、政府与公民之间的电子政务（Government to Citizen，G2C）、政府与政府之间的电子政务（Government to Government，G2G），如图 3-6 所示。

一是政府与企业之间的电子政务（Government to Business，G2B），涵盖了政府与企业间的各项事务，包括政府采购、税收、商检、管理条例发布以及法规和政策颁布等。G2B 可以使企业和政府之间通过互联网方便、快捷地进行信息交换。一方面，政府作为消费者，可以通过互联网发布采购清单，公开、透明、高效、廉洁地完成所需物品的采购工作；另一方面，政府对企业实施的宏观调控、监督管理等措施与服务通过网络以数字化的方式实施更能充分、及时地发挥作用，如中央政府采购网和各税务局的网上报税服务厅等就属于该模式。

图 3-6　电子政务分类

二是政府与公民之间的电子政务（Government to Consumer，G2C），涵盖政府与个人之间的若干事务，如个人住房公积金的缴纳、养老金的领取和个人向政府纳税等。G2C 网站是政府工作透明化的窗口，也是公民了解政府发布的各项信息和政策的重要渠道，如太原市住房公积金管理中心网站、交管 12123 手机 App 等都属于 G2C 模式。

三是政府与政府之间的电子政务（Government to Government，G2G），即政府间利用网络开展活动。例如，"中央监管结算仓"的 G2G 合作模式，以央企为主体，以国家检验检疫标准为导向，以国家行业组织为纽带，能有效解决海外供应商身份认定、跨境商品监管等问题。在此基础上，依托"中央监管结算仓"，中国轻工业品进出口总公司联合金融机构建立了"资金池"，最后实现了上下游企业的闭环结算。

📋 课程思政

　　2022 年 3 月前后，中国电子商务受到众多海外媒体的关注，海外知名媒体 The Telegraph India（印度）、The Retail Times（德国）、Global Newsweek（美国）、Crowded Brain（英国）相继发表报道称："中国品牌在全球传播，需要建立自己的全球分销渠道，而这些传统的分销渠道就是最大的品牌壁垒。互联网给中国制造带来了时代的机遇，可以有效绕过这些分销体系，与全球消费者最近的零售商进行'零距离'对接。"

　　我国电子商务在发展过程中，模式不断创新，逐渐涌现出许多优秀的电子商务企业，并且引领着全世界电子商务的发展。

　　>>>想一想：为什么我国的电子商务发展得如此迅猛？

_____

_____

_____

（二）按商务活动内容分类

按商务活动的内容，电子商务可分为完全电子商务和不完全电子商务。

完全电子商务是指交易过程中的信息流、资金流、商流和物流都能够完全通过电子商务的方式实现，适用于无形商品和服务的网上交易，如计算机软件、电子图书、远程教育等。这类交易不需要利用传统渠道，买卖双方可以不受地域限制地直接在网上完成交易。

不完全电子商务即无法完全依靠电子商务的方式实现整个交易过程的交易，它需要依靠一些外部要素（如运输系统）来完成交易，适用于有形商品，如书籍、计算机和日用品等。这类交易仍然需要利用传统的渠道（如快递公司等）送货或实地交割货物。

（三）按开展交易的地域范围分类

按开展交易的地域范围，电子商务可分为本地电子商务、国（境）内电子商务和全球电子商务三类。

本地电子商务通常是指在本城市或本地区内开展的电子商务活动。其覆盖的地域范围较小，是开展国（境）内电子商务和全球电子商务的基础。

国（境）内电子商务是指在本国（或某一关境内）范围内开展的电子交易活动。其覆盖的地域范围较广，对软硬件和技术要求较高，要求在全国（境）范围内实现商业电子化和自动化以及金融电子化，同时交易各方需要具备一定的电子商务知识和技术能力等。

全球电子商务也称跨境电子商务（跨境电商），是指在全世界范围内开展的电子商务活动，涉及交易各方的相关系统，如海关系统、金融系统、税务系统、运输系统、保险系统等。跨境电商业务内容繁杂，数据来往频繁，要求电子商务系统严格、准确、安全、可靠，并需制定全球统一的电子商务标准和电子商务贸易协议。

📖 学有所思

通过对电子商务分类相关知识的学习，请说一说你对不同分类标准的理解，以及你使用过的平台分类归属。

_____

_____

_____

模块二 B2C 模式

B2C 即企业与消费者之间的电子商务，是目前普及度最高的电子商务模式。进入信息社会后，以天猫、京东商城、苏宁易购等为代表的企业加大力度建设 B2C 网购平台，不仅帮助万千企业实现了线上销售，还丰富了消费者的购物品类和途径。

（一）B2C 常见分类

B2C 为企业和消费者提供了简捷、方便的商品交易方式，且其分类标准较多，基于不同的分类标准，B2C 的类型存在着一定的差别。

1. 根据企业与消费者的关系分类

根据企业与消费者的买卖关系对 B2C 进行分类，可以分为卖方企业对买方个人的电子商务和买方企业对卖方个人的电子商务两种模式。

一是卖方企业对买方个人的电子商务模式。该模式是企业出售商品或服务给个人消费者，是一种常见的 B2C 模式，代表平台有京东商城、天猫等。

二是买方企业对卖方个人的电子商务模式。该模式是企业在网上向个人求购商品或服务的 B2C 模式，主要用于招聘人才，常见平台有智联招聘、BOSS 直聘等。

2. 根据交易客体分类

根据交易客体对 B2C 进行分类，可以分为提供无形商品或服务的电子商务模式、提供有形商品或服务的电子商务模式。

（1）提供无形商品或服务的电子商务模式

电子客票、网上汇款、网上教育、计算机软件和数字化视听娱乐商品等可以在网上直接实现交易的商品或服务都属于无形商品或服务。其电子商务模式主要包括网上订阅模式、付费浏览模式、广告支持模式和网上赠予模式 4 种。

一是网上订阅模式。网上订阅模式是指消费者通过网络订阅企业提供的无形商品或服务的电子商务模式，消费者付款后可以直接在网上浏览或享受服务，常被一些在线机构用来销售报纸、杂志、有线电视节目和课程订阅等。例如，网易云课堂、淘宝大学等在线服务商为消费者提供了关于互联网、电子商务和淘宝开店等在线内容。

二是付费浏览模式。付费浏览模式是指企业通过网站向消费者提供计次收费的信息浏览和信息下载服务模式。在该模式下，消费者可以根据需要，在网上有选择地购买文章、书的部分章节或参考内容。消费者在数据库中查询的内容也可付费获取，如红袖添香、期刊网等网站就采用该模式盈利。另外，一次性付费参与游戏娱乐也较为流行。

三是广告支持模式。广告支持模式是指在线服务商免费向消费者或商家提供在线信息服务，其营业收入完全来源于网站上的广告，如百度、搜狗等在线搜索服务网站。

四是网上赠予模式。网上赠予模式是企业借助互联网的优势，向消费者赠送无形的商品，以扩大企业的知名度和市场份额。例如，软件公司向用户赠送软件，企业只需投入较低的成本，就能推动商品销售。

(2)提供有形商品或服务的电子商务模式

有形商品是指传统的实物商品。在该电子商务模式下，查询、订购和付款等活动都可以通过网络进行，但最终的交付不能通过网络实现。根据经营主体的不同，提供有形商品或服务的电子商务模式可以分为独立 B2C 网站和 B2C 电子化交易市场。

一是独立 B2C 网站。独立 B2C 网站是指由企业自行搭建的网上交易平台，需要企业具有较强的资金和技术实力，能够自行完成网站的开发、建设、支付和维护等一系列活动，如唯品会等。

二是 B2C 电子化交易市场。B2C 电子化交易市场也称为 B2C 电子商务中介或 B2C 电子市场(Electronic Marketing，EM)运营商，指在互联网环境下利用通信技术和网络技术等手段将参与交易的买卖双方集成在一起的虚拟交易环境。B2C 电子市场运营商一般不直接参与电子商务交易，而是由专业的中介机构负责电子商务市场的运营，其经营的重点是聚集入驻企业和消费者，扩大交易规模。常见的 B2C 电子化交易市场有天猫、招商银行信用卡商城等。

3. 根据网购模式分类

根据网购模式分类，B2C 可以分为综合平台商城、综合独立商城、网络品牌商城和连锁经销商城等，各类型的对比如表 3-1 所示。

表 3-1　B2C 电子商务按照规模分类

模式	代表平台	情况说明
综合平台商城	天猫	平台电商为主，不涉及具体的商品采购和配送服务，企业申请加入，须支付技术服务费
综合独立商城	京东商城 当当网	自营电商为主，具有商城的独立经营权。能提供正规发票和售后服务，需要自行完成商品的采购、仓储、上架、发货和配送等工作
网络品牌商城	凡客诚品	拥有自身的商品品牌，但商品线较单一，是一种"轻资产、快公司"模式
连锁经销商城	苏宁易购	"实体+网销"的模式，依托于传统零售采购平台的供应链以及和厂商良好的合作关系，具有较高的品牌信誉与丰富的商品种类

4. 根据商品覆盖品类和品牌分类

根据商品覆盖品类和品牌的多少，B2C 可以分为品牌垂直电子商务商城、平台型综合电子商务商城、平台型垂直电子商务商城，各类型的对比如表 3-2 所示。

表 3-2　B2C 电子商务按照品类分类

模式	代表平台	情况说明
品牌垂直 电子商务商城	小米商城 华为商城	销售单品类、单品牌商品，需要商城具有强大的品牌影响力
平台型综合 电子商务商城	京东商城 天猫	拥有品类丰富的商品，且每个品类下有很多品牌
平台型 垂直电子商务商城	贝贝网	主打母婴类产品，品牌丰富，针对母婴类进行了细分，具有"小而精"的优点

(二) B2C 主流平台

B2C 模式极大地满足了企业经营发展的需求和消费者的购买需求。目前，国内常见且消费者数量较多的 B2C 电子商务平台有天猫、京东商城和唯品会等。

1. 天猫

天猫是阿里巴巴集团旗下的综合性 B2C 购物网站，整合了数千家品牌商、生产商，包括服饰、数码、电器、生鲜、家具、图书、汽车等多种品类的商品，致力于给用户提供高质量的商品与购物体验。

天猫包含了旗舰店、专卖店、专营店和卖场型旗舰店等店铺类型，平台中的店铺需要以企业或品牌的形式入驻。企业或品牌在入驻天猫时，需按照入驻申请(提交入驻资料)→平台审核→完善店铺信息→开店(发布商品、装修店铺等)的流程进行。

> ### 课程思政
>
> 电商市场竞争激烈，有些商家为了吸引消费者，大打价格战，导致电商商家之间的恶性竞争，产生了劣币驱逐良币的现象，也给电商行业的发展带来了负面影响，最终致使消费者利益受损。
>
> >>>想一想：如何才能规避恶性价格竞争?
>
> _____
>
> _____
>
> _____

2. 京东商城

京东商城是京东建立的 B2C 平台。企业或品牌想要入驻京东商城，可以选择以 POP 商家、自营合作、京喜合作的身份入驻。

一是 POP 商家。POP 商家即第三方商家，主要借用京东商城销售商品，打包、发货、配送、售后等均由商家完成，这种类型与天猫的店铺类似。

二是自营合作。自营合作即与京东商城合作，成为京东商城的供应商，供应商仅仅负责供货，客服、打包、发货、配送等均由京东负责。

三是京喜合作。京喜合作即与京东旗下的特价购物平台——京喜进行合作，与前两种类型不同的是，个人也可以申请入驻京喜。

无论是 POP 商家、自营合作，还是京喜合作，又可分为旗舰店、专卖店和专营店 3 种店铺类型。消费者可以根据实际需求，在京东自营店铺或京东第三方店铺中购买商品。

一般来说，京东自营店铺采用京东自建的物流体系，可以保证商品快速送达消费者手中，并且京东自营店铺的商品质量、品质等也相对更有保障。

3. 唯品会

唯品会是一个专注品牌特卖的 B2C 平台，主要面向各大网店或者实体店。唯品会主推知名品牌折扣，满足人们低价购买优质商品的需求。与天猫和京东商城不同，唯品会的供应商必须是具备法人资格的合法经营的公司或企业，且至少满足著名/知名品牌的生产商、著名/知名品牌的授权总代理商、著名/知名品牌的分公司等任一资格。

唯品会采用的是"精选品牌+深度折扣+限时抢购"的品牌特卖模式，通过限时销售有较大折扣的品牌商品来营造抢购的氛围，吸引消费者。其关键在于商品品质，因此，对商品供货渠道的把控非常严格，售卖的商品均为唯品会从品牌官方渠道直接采购的，并且在商品入库后还会进行抽检。

学有所思

通过对 B2C 模式相关内容的学习，请说一说 B2C 模式的优势，以及 B2C 模式给传统零售带来了哪些影响？

_____

_____

_____

_____

模块三　B2B 模式

B2B 是指企业与企业之间的电子商务，具有交易金额大、交易对象广泛、交易操作规范和交易过程复杂等特点，是一种传统的电子商务商业模式。发展至今，B2B 是当前电子商务模式中份额最大、最具操作性的模式，在传统实体企业向电子商务转型的过程中起着重要作用，为企业的管理和转型发展提供了平台支撑。

根据不同的分类标准，B2B 可以划分为不同的类型，且各类型下有许多典型的电子商务平台。例如，阿里巴巴作为领先的 B2B 平台，按照不同的分类标准，既可以是水平型 B2B，也可以是基于第三方中介网站的 B2B。

(一) B2B 常见分类

B2B 可以根据行业性质、交易平台的构建主体、贸易类型来分类，每种类型的特征各不相同。

1. 根据行业性质分类

根据行业性质分类，B2B 可以分为水平型 B2B 和垂直型 B2B 两种。

一是水平型 B2B。水平型 B2B 也称为综合型 B2B，涵盖了众多行业和领域，主要提供供求信息，典型代表是阿里巴巴。水平型 B2B 是为采购商和供应商提供信息和交易的平台，采购商和供应商都可以在平台中发布信息、进行交易等。例如，采购商可以查看供应商和商品的有关信息，供应商也可以查看采购商发出的采购信息。

二是垂直型 B2B。垂直型 B2B 也称为行业型 B2B，仅提供某一类商品以及相关商品的一系列服务。该类型包括上游(指向供应商)和下游(指向经销商)两个方向，生产商或零售商与上游的供应商形成供货关系，生产商与下游的经销商形成销货关系。垂直型 B2B 网站将自身定位在特定的行业或领域内，专业性较强，如化学、医药、钢铁等行业。典型的垂直型 B2B 电商平台有找钢网、九正建材网等。

2. 根据交易平台的构建主体分类

根据 B2B 交易平台的构建主体分类，可以分为基于企业自有网站的 B2B 和基于第三方中介网站的 B2B。

一是基于企业自有网站的 B2B。大型企业在与消费者或其他企业交易时，为提高交易效率，减少库存，降低采购、销售、售后等成本，往往会先通过互联网完成部分交易过程，因此，不少企业逐渐建立自有的 B2B 网站，以实现企业间的电子商务交易。这种基于企业自有网站的 B2B 电子商务网站大多由商品交易供应链中的大型企业建立，与企业有关的合作伙伴及相关部门或机构都能通过该网站进行商品交易，如百度爱采购。

二是基于第三方中介网站的 B2B。第三方中介网站是指不参与交易，只为供应商和采购商提供交易平台的电子商务网站，如慧聪网、环球资源网等。

3. 根据贸易类型分类

根据 B2B 交易的贸易类型，可将 B2B 电子商务分为内贸型 B2B 和外贸型 B2B。

一是内贸型 B2B。内贸型 B2B 是指以提供在同一国界范围内的供应商与采购商进行交易服务为主的电子商务市场，交易的主体和行业范围主要在同一国家内，如慧聪网等。

二是外贸型 B2B。外贸型 B2B 也叫作跨境 B2B，是指以提供不同国家间的供应商与采购商交易服务为主的电子商务市场，如阿里巴巴国际站、敦煌网等。与内贸型 B2B 市场相比，外贸型 B2B 市场需要突破语言文化、法律法规、关税汇率等方面的障碍，涉及的 B2B 活动流程更复杂，要求的专业性更强。

(二) B2B 主流平台

近年来，我国的 B2B 平台随着国内企业的贸易需求而逐渐增加，主要包括阿里巴巴网站、环球资源网、慧聪网、敦煌网等。

1. 阿里巴巴网站

阿里巴巴网站以批发和采购业务为核心，覆盖了原材料、工业品、服装服饰、家居百货、小商品等多个行业大类，提供包括原料采购、生产加工、现货批发在内的一系列供应服务。

阿里巴巴网站为中小型制造商提供了一个供应商品的贸易平台。就供应商而言，可以以实力商家、超级工厂的形式入驻网站，还可以开通诚信通(阿里巴巴网站推出的会员制服务)促进商品销售；就采购商而言，可以按照货源、找工厂、找工业品的方式搜索商品，在各类供应信息中找到物美价廉的商品。

2. 环球资源网

环球资源网是全球性的多渠道 B2B 平台，其核心业务是通过一系列英文媒体，包括环球资源网网站、电子杂志、采购资讯报告、买方专场采购会、贸易展览会等，促进亚洲国家和地区的出口贸易。环球资源网专注外贸 B2B，对采购商来说，它可以提供供应商和商品信息，帮助他们高效完成询盘、采购；对供应商来说，它提供的出口推广服务，能提升企业形象，使企业获得更多国家和地区的订单。

3. 慧聪网

慧聪网与阿里巴巴网站类似，主要提供 B2B 行业资讯、供应和求购信息，其中，B2B 行业资讯是慧聪网的强项。慧聪网中大型企业所占比重大，且在工业领域有优势，企业可以"买方"（采购商）或"卖方"（供应商）的身份入驻网站。慧聪网的行业专属服务能提供的企业应用非常全面，主要包括信息展示、商品推广、新闻发布、行业资讯管理、专家咨询等，这些全面深化、精细化的应用能满足不同行业的企业的需求。

4. 敦煌网

敦煌网是以在线交易为核心的 B2B 小额外贸批发平台，也是全球领先的在线外贸交易平台。就业务布局而言，敦煌网主要以平台交易为核心，以小额批发为主，能够为在线贸易提供从金融、物流、支付、信保到关、检、税、汇等领域的一站式综合服务。与其他 B2B 平台不同，在国内，敦煌网侧重售卖环节，国内供应商能够在网站中注册和发布商品；在国外，敦煌网则侧重采购环节，国外采购商可在该网站中注册、浏览、采购商品。另外，敦煌网只在买卖双方交易成功后收取费用。

📋 课程思政

随着电子商务的快速发展与我国 5G、云计算、大数据等技术的成熟，企业采购已逐渐从传统的线下采购转移至线上，并开始迈入智能化阶段。这不仅体现了我国 B2B 电子商务模式的先进性，而且催生了企业采购的内外部全链路协同。

>>>想一想：通过电商采购对企业而言有哪些好处，能够规避哪些风险？

_____

_____

_____

（三）B2B 盈利模式

在以信息经济、数字经济、智能经济为核心的新经济浪潮下，物联网、区块链、大数据、人工智能等技术推动了 B2B 平台逐步走向以智能互信为核心的 4.0 时代。在当前的发展阶段下，B2B 盈利模式变得更多样化，按照盈利来源由简到繁的顺序，可以分为以下 3 类。

1. 信息咨询服务为主的基本盈利模式

这种盈利模式以信息咨询服务费（即提供财务、税收、内部管理等信息而收取的费用）、广告费、竞价排名费（按点击收费的网络推广方式，企业购买该项服务后，注册一定数量的关键词，其推广信息就会率先出现在相应的搜索结果中）、会员服务费（即针对会员专有服务而收取的费用，如会员特有的经营培训服务等）及自有商品销售等为主要的收入来源，代表网站如中国制造网、中国化工网、环球资源网等 B2B 平台。

2. 以交易佣金为主的专业盈利模式

这种模式主要收取交易佣金（即供应商和采购商买卖成交后，按实际成交金额的比例向平台缴纳的费用）、第三方认证服务收费（即向第三方审核机构支付的认证费用）等，代表网站如敦煌网等。

3. 整合盈利模式

这种模式因整合了多种服务，其盈利模式也是多渠道的，代表网站如慧聪网、阿里巴巴等。

📖 学有所思

通过对 B2B 模式相关内容的学习，请你说一说 B2B 模式的优势，以及 B2B 模式给企业采购带来了哪些影响？

_____

_____

_____

_____

模块四　O2O

在大数据时代，O2O 模式深受广大消费者群体青睐，该模式的主要特点是线上和线下结合，让消费者在享受线上优惠价格的同时，又可享受到线下的实际服务。就我国而言，O2O 模式最先应用于服务类的餐饮业，后来很快就延伸到旅行、租车、观影等其他许多行业。

(一) O2O 模式的优势

传统的销售方式主要是由商家在线下提供商品或服务，消费者在线下进行购买，并获得商品或服务；早期的电子商务主要由商家在线上提供商品，消费者在线上购买并通过物流获得商品。O2O 模式是将传统消费方式与电子商务相结合的模式，即消费者在线上进行购买并支付费用，在线下获得服务。O2O 模式不仅改变了消费者的消费思维和服务模式，而且给电子商务企业提供了一条线上线下融合交互、多方共赢的新道路。与其他传统电子商务模式相比，O2O 模式的优势主要有如下几点：

第一，对消费者而言，O2O 可以提供丰富、全面、及时的商家信息。消费者可以通过商业行业分类、关键词查询等方式，浏览多个商家的信息，获取符合自身需求的服务。另外，消费者可以向商家在线咨询并预购，还能获得相较线下直接消费更低的价格。

第二，对商家而言，O2O 模式为商家了解消费者的购物信息提供了渠道，商家不仅可以获得更多的宣传和展示机会，还能根据消费者的购买数据，更好地拓展客户群，进行精准营销。另外，O2O 模式还在一定程度上降低了商家对店铺地理位置的依赖，减少了租金支出。

第三，对 O2O 电子商务平台(服务提供商)而言，O2O 模式可以带来大量具有黏性的消费者，不仅能为平台争取更多的商家资源，而且借助 O2O 模式还能为商家提供更多的增值服务，增加收益。

(二) O2O 运作模式

O2O 模式中主要包括 O2O 平台、线下实体店、消费者、线上支付等要素，其交易流程大多按照线上选择→在线支付→线下消费→评价反馈的步骤进行，如图3-7所示。

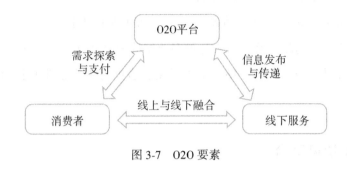

图 3-7　O2O 要素

根据 O2O 在营销实践中的应用，它形成了以下 4 种运作模式。

一是线上交易，线下体验模式（Online to Offline）。这是 O2O 的主流模式，该模式通过信息提供、服务预订等方式，把线下实体店的相关消息推送给消费者，将消费者从线上引流到线下实体店消费。例如，消费者在线上平台订餐，然后到线下餐饮店消费并获得服务。

二是线下营销，线上交易模式（Offline to Online）。在移动营销大趋势的影响下，很多传统的线下企业开始在移动互联网上搭建自有的电子商务平台，将线下流量引至线上，拓展线上市场。

三是线上营销到线下体验，再到线上交易模式（Online to Offline to Online）。这是线上交易、线下体验模式的衍生模式，需要先搭建线上平台进行营销，再将线上流量导入线下实体店，让消费者在实地享受服务，然后再引导消费者到线上进行交易或消费。很多团购、B2B 电商企业都采用了这种 O2O 模式，如京东商城。

四是线下营销到线上交易，再到线下体验模式（Offline to Online to Offline）。这是线下营销、线上交易模式的衍生模式，即先搭建起线下平台进行营销，再将线下流量导入线上平台进行线上交易，然后再让消费者到线下进行体验。在这种模式中，所选择的线上平台一般是具有一定影响力的第三方平台，如微信、大众点评网等，以便借力第三方平台进行引流，从而实现销售目标。

随着 O2O 的发展，产生了新零售这一概念，新零售可总结为线上+线下+物流，其核心是以消费者为中心的会员、支付、库存、服务等方面数据的全面打通。新零售的出现为O2O 市场带来了更广阔的发展空间。在 O2O 模式中，线上网店与线下实体店是相对独立、互相竞争的关系，而进入新零售时代后，电子商务与传统零售业不再是对立竞争的关系，而需要协调合作、共同发展。面对新零售的发展趋势，商家需要在经营范围、商品种类、销售方式等方面进行拓展，树立创新理念，重构经营管理模式。例如，沃尔玛山姆会员店等多家线下超市就与京东到家、美团外卖等 O2O 平台合作，在原有业务基础上向社区业务延伸；美团、饿了么等 O2O 平台在原有外卖业务的基础上拓展业务范围，将配送的商品种类扩展到日用品、药品、鲜花等。这种多业态的融合充分发挥了线上线下的优势，既满足了消费者对商品物美价廉、方便快捷的需要，也助力零售企业开拓市场、增加销量、提高销售额。

(三) O2O 常见平台

当前，我国 O2O 模式的电子商务发展已经比较成熟，不同行业中也有很多具有代表性的平台。

1. 餐饮业

餐饮业中比较具有代表性的 O2O 平台包括美团、饿了么、大众点评网等。其中，美团、饿了么等是国内成立较早、口碑较好和综合实力较强的平台，能够根据消费者的定位提供其附近的美食、酒店和娱乐等信息及商家发放的电子兑换券。

2. 旅游业

携程旅行网、途牛、去哪儿网、飞猪等是旅游业的 O2O 代表性平台。其中，携程旅行网成功整合了电子商务与传统旅游业，向其会员提供包括酒店预订、机票预订、度假预订、商旅管理及旅游资讯在内的全方位旅游信息及服务。携程旅行网保留了传统的线上销售商品的思路，常利用限时限量的特价或优惠活动来销售商品或服务。

3. 家装业

土巴兔装修网、齐家网等是家装业的 O2O 代表平台。这两个平台都是以互联网家装平台业务为核心，依靠互联网与大数据技术，在线上连接业主和家装企业，从信息推荐、交易保障、质量监督等方面为消费者提供渗透家装各环节的服务。

4. 生鲜业

叮咚买菜、顺丰优选等是比较有代表性的 O2O 生鲜平台。其中，叮咚优鲜是一个专注于优质生鲜，致力于重构供应链，为消费者提供自营生鲜及配送服务的 O2O 平台。

除此之外，滴滴打车、京东到家、58 同城、神州租车、下厨房等也是 O2O 模式的主流平台，这些平台可以为消费者提供舒适完善的消费体验。需要注意的是，通常 O2O 电子商务平台作为第三方平台，只为消费者和商家提供服务，不直接参与交易。因此，O2O 模式的盈利主要来自交易提成、广告收入以及 VIP 会员费（如会员等级决定消费者购买商品时能获得的折扣的大小）。

📖 **学有所思**

通过对 O2O 模式相关内容的学习，请你说一说 O2O 模式的优势，以及 O2O 模式给传统服务行业带来了哪些影响？

_____

_____

_____

_____

_____

☑️ **自学测试**

1. 名词解释

（1）垂直型 B2B

（2）有形商品或服务

（3）无形商品或服务

（4）连锁购销商城

2. 单项选择题

（1）下列不属于 B2B 网站的是（　　）。

　　A. 阿里巴巴网站　　　　　　　B. 慧聪网

　　C. 环球资源网　　　　　　　　D. 京东商城

（2）下列不属于提供无形商品或服务的电子商务模式的是（　　）。

　　A. 会员订阅模式　　　　　　　B. 付费浏览模式

　　C. 广告支持模式　　　　　　　D. 网上赠与模式

（3）按网购模式对 B2C 进行划分，苏宁易购属于（　　）。

　　A. 综合平台商城　　　　　　　B. 连锁购销商城

C. 综合独立商城   D. 网络品牌商城

(4) O2O 的主流模式是(　　　)。

A. Online to Offline   B. Offline to Online

C. Online to Offline to Online   D. Offline to Online to Offline

(5) 下列属于 B2C 网站的是(　　　)。

A. 阿里巴巴网站   B. 慧聪网

C. 环球资源   D. 天猫

(6) 下面对于电子商务模式的说法不正确的是(　　　)。

A. B2C 具有交易金额大、交易对象广泛、交易操作规范和交易过程复杂等特点

B. 网络广告收益模式、商品销售营业收入模式都是 B2C 网站的盈利模式

C. B2B 在业务膨胀阶段需要建设和完善金融产品的服务流程和规则

D. B2B 分为面向制造业或商业的垂直型 B2B、面向中间交易市场的水平型 B2B

(7) 内贸型 B2B 是以(　　　)进行交易服务为主的电子商务市场。

A. 不同环境间的供应商与采购商   B. A 地供应商与 B 地采购商

C. 同一关境内的供应商与采购商   D. A 地供应商与 B 地供应商

(8) B2B 平台的发展应以(　　　)为中心。

A. 采购商海量采购信息   B. 采购商海量供应信息

C. 供应商海量供应信息   D. 供应商海量采购信息

(9) B2C 平台的后台管理流程包括订单受理、确认库存、发货和(　　　)4 个步骤。

A. 查询   B. 综合查询

C. 库存处理   D. 库存补给

3. 多项选择题

(1) 按照交易客体分类,B2C 电子商务模式可以分为(　　　)。

A. 买方企业对卖方个人   B. 卖方企业对买方个人

C. 有形商品或服务的电子商务模式   D. 无形商品或服务的电子商务模式

(2) C2C 电子商务的主要盈利模式包括(　　　)。

A. 会员费   B. 网络广告费

C. 增值服务费   D. 特殊服务费

(3) 下列属于 O2O 常见平台的有(　　　)。

A. 美团   B. 每日优鲜

C. 京东商城   D. 去哪儿网

（4）B2C 的盈利模式包括（　　）。

    A. 网络广告收益模式　　　　　　　B. 商品销售营业收入模式

    C. 出租虚拟店铺收费模式　　　　　D. 网站的间接收益模式

（5）下面属于 B2B 中介网站的有（　　）。

    A. 凡客诚品　　　　　　　　　　　B. 阿里巴巴

    C. 当当网　　　　　　　　　　　　D. 中国化工网

（6）按交易客体分类，B2C 模式可以分为（　　）。

    A. 买方企业对卖方个人　　　　　　B. 卖家企业对买方个人

    C. 有形商品和服务　　　　　　　　D. 无形商品和服务

（7）商品管理包括（　　）等。

    A. 商品的分类管理　　　　　　　　B. 非对称加密技术的资料管理

    C. 商品的属性管理　　　　　　　　D. 商品的营销管理

（8）根据 B2B 交易平台的构建主体来分类，B2B 可以分为（　　）。

    A. 内贸型 B2B　　　　　　　　　　B. 基于企业自有网站的 B2B

    C. 外贸型 B2B　　　　　　　　　　D. 基于第三方中介网站的 B2B

（9）常见的 B2C 平台包括（　　）。

    A. 淘宝网　　　　　　　　　　　　B. 天猫

    C. 京东商城　　　　　　　　　　　D. 苏宁易购

（10）按商品覆盖的品类和品牌来分类，B2C 可以分为（　　）。

    A. 品牌垂直电子商务商城　　　　　B. 平台型综合电子商务商城

    C. 平台型垂直电子商务商城　　　　D. 品牌平台电子商务商城

4. 思考题

（1）C2C 电子商务模式的交易流程是怎样的？请分别从买方和卖方的角度进行阐述。

（2）了解 B2C 电子商务的相关知识后，谈一谈你对 B2C 网站的认识。

（3）列举目前主要的 B2B 电子商务模式并进行分析。

（4）企业开展 O2O 平台业务时如何获取竞争优势？

⬚ 项目实训

项目背景

　　小莉同学发现原来电子商务的模式如此之多，覆盖的范围非常广泛，并且随着 5G 技术的应用，还出现了很多新的电子商务应用模式，小莉希望能进一步研究它们的特征和盈利模式。

任务一　电子商务模式分析

任务描述

　　第一步，小莉发现在抖音上也可以购买商品；还有些人在微信朋友圈分享商品信息，点击链接后就进入了微商城；通过微信小程序可以点外卖……请帮助小莉分析这些电子商务模式分别属于什么类型，有何特征？与淘宝相比，又有哪些差异？

操作指南：

电子商务模式分类

现象	按照交易主体分	按照商务活动内容分
抖音购物		
微信小程序点外卖		
有赞微商城购物		
京东 App		
……		

操作指南：

特征与差异分析

现象	特征分析	与淘宝的差异
抖音购物	1. 基于直播来展示商品，商品的外形、特征可以得到很好的呈现 2. 主播全方位解说商品的信息 3. 购买有一定的冲动性 4. 网红(明星)带货效应明显	1. 商品呈现：抖音是视频直播，用户可以全方位地了解商品，可以与主播互动；淘宝是通过图文详情页介绍商品。 2. 交流互动：抖音可以通过弹幕和语音互动；淘宝主要是文字沟通
微信小程序点外卖		
有赞微商城购物		
京东 App		
……		

任务二 电子商务盈利模式分析

任务描述

第二步，通过调研，小莉发现不同电子商务类型对应的经营模式差异很大，她想做进一步的分析，了解不同类型的电子商务的盈利模式。

操作指南：

查看相关平台介绍，并与行业朋友交流以获取信息

现象	盈利模式	
	平台	店主
抖音购物	1. 技术服务费 2. 提现手续费 3. 广告收入	1. 销售收入 2. 用户打赏收入
微信小程序 点外卖		
有赞微商城购物		
京东 App		
……		

项目总结

通过对本章的学习，我的总结如下：

一、主要知识

1.

2.

3.

4.

二、主要技能

1.

2.

3.

4.

三、成果检验

1. 完成任务的意义：
2. 学到的知识和技能：
3. 自学的知识和技能：
4. 对电子商务不同模式发展的判断：

项目四　网络营销

项目介绍

　　本项目主要讲解网络营销相关知识，包括网络营销的定义与特点、网络营销的主要功能、电子商务与网络营销的关系、网络营销与市场营销的区别与联系、网络营销策划的定义与原则、开展网络营销策划的主要工作内容等，具体介绍了搜索引擎营销、微博和微信营销、社群营销、软文营销、大数据营销等网络营销的主要方法，旨在使学生掌握网络营销基础理论和开展网络营销的主要工作方法等知识。

　　本项目的实践任务是学会搜索引擎的使用技巧，并通过实训任务让学生系统掌握通过搜索引擎获得目标信息的能力，以及学会分析网站的盈利模式。

学习目标

　　(1) 熟悉网络营销的定义、特点与主要功能

　　(2) 熟悉网络营销与电子商务的关联；

　　(3) 了解网络营销和市场营销的区别与联系；

　　(4) 掌握网络营销策划的原则和主要工作内容；

　　(5) 掌握网络营销的常见方法；

　　(6) 掌握通过搜索引擎获取信息的能力。

知识结构

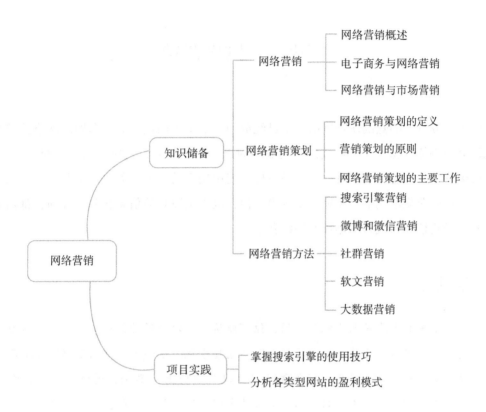

学习计划

小节内容		网络营销	网络营销策划	网络营销方法
课前预习	预习时间			
	预习自评	难易程度　□易　□适中　□难 问题总结：		
课后巩固	复习时间			
	复习自评	难易程度　□易　□适中　□难 问题总结：		

📝 **知识储备**

模块一　网络营销

电子商务发展的热潮使得网络营销已经成为一个不可回避的商业命题。网络营销是信息化社会的必然产物，是企业整体营销战略的重要组成部分，是建立在互联网基础之上，融合市场营销的理念，为实现一定营销目标，使用先进的电子商务手段来开展的一系列经营活动。在商业化浪潮下，企业不论规模如何，也不论原有的信息化基础如何，都需要根据自身的经营情况由浅入深地展开网络营销。

📋 **案例引入**

小诚的朋友是做手机生产的，他可以从厂里以很低的价格拿到货物。因为有此进货渠道，小诚就考虑通过互联网销售手机。小诚首先详细了解了该工厂生产的手机的相关性能、功能等情况，以及市场上同类手机的评价与价格水平，然后对使用这类手机的用户群及其上网渠道进行了分析，确定了网络推广方法。接着，他在淘宝上开了一个店铺，然后使用百度竞价、微博营销、百度知道、相关论坛发布信息等方法进行推广宣传。通过这些方法，小诚在 1 个月的时间里卖了将近 100 台手机。

>>>想一想：我们想要买手机会去哪些地方？小诚是如何卖出手机的？

_____

_____

_____

（一）网络营销概述

随着市场经济和互联网的发展，并且买方市场逐渐取代卖方市场，成为社会经济发展的重要组成部分，各大电子商务企业的营销战略纷纷转向网络营销，使得网络营销渠道成为经济交易的主战场之一。

1. 网络营销的定义

网络营销(On-line Marketing 或 cybermarketing)全称是网络直复营销,是指生产厂家通过网络直接分销渠道直接销售产品。它是一种典型的直复营销形式,是企业营销实践与现代信息通信技术、计算机网络技术相结合的产物。具体而言,网络营销是企业以电子信息技术为基础,以计算机网络为媒介和手段而进行的各种营销活动(包括网络调研、网络新产品开发、网络促销、网络分销、网络服务等)的总称。

网络营销根据其实现的方式有广义和狭义之分,广义的网络营销指企业利用一切计算机网络(包括 Intranet 企业内部网、EDI 行业系统专线网及 Internet 国际互联网)进行的营销活动,而狭义的网络营销专指互联网营销。

2. 网络营销的特点

在电子商务环境下,网络营销是以互联网为基础来实现信息创建、发布、传递与沟通等一系列营销活动的,即凡是以互联网或移动互联网为主要平台开展的营销活动,都可以称为网络营销。它以现代营销理论为指导,借助互联网、通信、数字媒体等技术来实现营销目标,开展营销活动。网络营销不是网上销售,也不是网络推广,从本质上讲,网络营销的核心是为用户创造价值。目前,网络营销随着互联网的发展呈现出全球性、交互性、个性化、经济性、高效性、技术性的特点。

第一,全球性。互联网具有超越时间和空间限制的特点,任何企业的营销活动都能够借助互联网扩展市场范围,并且随时随地向用户提供全球性的营销服务,以尽可能多地占有市场份额。

第二,交互性。网络营销具有良好的交互性,能够为企业提供更多展示自身的机会。同时,对用户而言,用户不仅能自主通过网络平台查看与搜索信息,而且能更直接地与企业或其他用户交流和沟通;对企业而言,不仅提高了企业的应变能力,还增强了企业与消费者之间、消费者与消费者之间的互动。

第三,个性化。网络营销是由消费者主导的、非强迫性的、循序渐进的、低成本与人性化的营销活动。消费者可以根据自己的需求自由选择是否接受该营销活动,或主动寻找相关活动信息并提出需求和反馈,以方便企业提供个性化的商品或服务。

第四,经济性。网络营销通过互联网交换信息,改变了传统的交易方式,减少了交易成本,如店面费、印刷费、水电费和人工费等;同时,还提高了交易的效率,减少了多次交易带来的成本损耗。

第五，高效性。网络营销通过网络设备来储存、查询与筛选信息，其信息存储量大、传送量多、精确度高，并能根据市场需求及时更新商品信息或调整价格，满足消费者的需求。

第六，技术性。企业进行网络营销时必须先有一定的技术投入与支持，并且还要根据需要改变传统的组织形态，提升企业的内部管理职能，招聘能熟练操作计算机、运用网络技术和营销策略的复合型人才，以提升企业在市场竞争中的优势。

3. 网络营销的功能

开展网络营销的目的在于充分发挥互联网工具的功能，实现营销目标。总的来说，网络营销的基本功能主要包括品牌推广、信息搜索、信息发布、促进销售、客户服务和网上调研等。

(1)品牌推广

网络营销的重要任务之一就是在互联网上建立并推广品牌。无论是大型企业还是中小型企业，都可以通过互联网展现品牌形象。网络品牌价值是网络营销效果的表现形式之一，不仅可以提升消费者的忠诚度，还可以使企业获得直接收益。一般来说，企业推广品牌不仅依靠自建网站，还可以在各种社交平台中注册账号并发布内容、开发企业 App 等。

(2)信息搜索

企业在营销活动中需要获取各种商机以及价格变化、竞争者的竞争态势及商业情报等相关信息，这些信息均可以通过多种信息搜索方法来得到。目前，随着大数据和人工智能技术的应用，信息搜索已由单一化向集群化、智能化发展，网络搜索的商业价值得到了进一步扩展。例如，在网络中搜索商品时，企业或用户不仅能够得到商品详细的价格、折扣、评价等信息，在相关页面中还可能会显示类似"购买该款商品的消费者还买过的其他商品"等栏目，这就能帮助企业或用户获取与营销相关的信息。

(3)信息发布

网络营销的基本理念是通过各种网络营销模式，将企业营销信息以高效的手段向目标消费者、合作伙伴和公众等群体传递。互联网作为一个开放的信息平台，赋予了网络营销强大的信息发布功能。发布网络营销信息后，企业可以主动进行跟踪，及时获得回复，也可以与消费者进行交互式的再交流和再沟通。

(4)促进销售

市场营销的最终目的是促进销售，网络营销也不例外。事实上，网络营销对于促进线下销售同样很有价值，这也是为什么没有开展网络销售业务的企业一样有必要开展网络营销的原因。

（5）客户服务

互联网提供了更加便捷的在线客户服务手段，从形式简单的常见问题解答到邮件列表，再到聊天室和微信群等各种即时信息服务，便于企业维护与客户的关系。客户服务工作的质量对网络营销效果具有重要的影响，良好的客户关系是网络营销取得成效的必要条件，通过增强网站的交互性和客户参与度等方式可以在开展客户服务的同时，增进客户与企业之间的关系。

（6）网上调研

通过在线问卷和在线调查等方式，企业可以完成网上调研。相较传统市场调查，网上调研具有高效率、低成本的特点。它不仅能为制定网络营销策略提供支持，也是研究整个市场活动的辅助手段之一。

（二）电子商务与网络营销

结合电子商务和网络营销的概念可知，电子商务和网络营销的关系非常密切但又存在明显的区别，二者非常容易被混淆。实际上，网络营销是电子商务的重要组成部分，其在商务活动中的广泛应用推动着电子商务的发展。

网络营销和电子商务都是随着互联网的发展而兴起的，网络营销可以为促成电子交易提供支持，起着重要的信息传递作用。开展网络营销并不等于一定实现了电子商务，而实现电子商务一般都需要以开展网络营销为前提。例如，某用户被企业在微博中发布的广告所吸引，从而进入淘宝网完成了加购物车、提交订单、支付货款、收货等交易步骤。对于企业来说，从网络营销到网上销售的整个过程就是电子商务，而网络营销是整个过程中的一个组成部分。

我国早在《电子商务"十三五"发展规划》中就提出"鼓励电子商务企业依托新兴的视频、流媒体、直播等多样化营销方式，开展粉丝互动，如实传递商品信息，建立健康和谐的社交网络营销方式"，这充分说明了网络营销的重要性。网络营销作为推动我国电子商务发展的重要力量，可以解决电子商务中的信息流问题，能够刺激网络消费持续增长。

📋 课程思政

> 随着互联网和电子商务行业的迅猛发展，网络营销以其低成本、无地域限制等特点，对传统行业产生极大的冲击，很多传统企业也纷纷发展电子商务或通过互联网来宣传品牌，越来越倚重网络营销。
>
> >>>想一想：为什么越来越多的企业会发展电子商务和网络营销？

_____

_____

_____

(三) 网络营销与市场营销

1. 市场营销的定义

市场营销(Marketing)，又称为市场学、市场行销或行销学。市场营销是在创造、沟通、传播和交换产品中，为顾客、客户、合作伙伴以及整个社会带来价值的活动、过程和体系，具体是指营销人员针对市场开展经营活动、销售行为的过程。

2. 市场营销的产生和发展

市场营销学于 20 世纪初期产生于美国。多年来，随着社会经济的发展，市场营销学发生了根本性的变化，其应用从营利组织扩展到非营利组织，从国内发展到国外。如今，市场营销学已成为同企业管理相结合，并融合经济学、行为科学、信息技术等学科的应用边缘管理学科。市场营销学的产生与发展同商品经济的发展、企业经营哲学的演变是密切相关的，并在实践中不断完善和发展。传统的市场营销，就是在变化的市场环境中，企业或其他组织以满足消费者需要为中心进行的一系列与市场有关的企业经营活动，包括市场调研、选择目标市场、产品开发、产品定价、渠道选择、产品促销、产品储存和运输、产品销售、提供服务等。

市场营销观念的形成，不仅从形式上，更从根本上改变了企业营销活动的指导原则，使企业经营哲学从"以产定销"转变为"以销定产"，第一次摆正了企业与顾客的位置，是市场营销观念的一次重大革命。由于时代的发展和科技的革新，在传统市场营销的基础上又出现了一种新的营销模式，即网络营销。

3. 网络营销与传统市场营销之比较

(1)营销方式的比较

一是信息服务方式的比较。网络营销是一种全天候、多方位的网络信息服务方式。一天 24 小时，一年 365 天，不受气候的影响，不受距离的阻碍，消费者足不出户就可以在任意时间内获得他所需要的商品信息和服务信息。而传统营销的信息服务方式相对而言有一定的局限性，受时间和空间的约束，消费者需要去实地选购自己所需产品。

二是商品展示方式的比较。基于网络的虚拟性，传统的富丽堂皇的建筑装饰、琳琅满目的商品实物展示对它来说已经没有意义，取而代之的是严谨科学的商品信息分类，丰富、全面、多方位的商品信息和灵活、快捷、简便甚至智能化的信息查询手段，从而有效地降低了销售成本，能够为企业带来更多的利润空间。

> **课程思政**
>
> 　　网络营销与传统营销相比，对于企业而言，在很多方面发生了颠覆式的改变，如商品的呈现由线下的实体展示变成了线上的数字化虚拟展示等，由此也产生很多问题，如虚假宣传、描述不符、体验不佳，等等。
>
> 　　>>>想一想：为什么会出现上述现象，如何规范网络营销行为？
>
> _____
>
> _____
>
> _____

(2)营销产品的比较

传统的市场营销理论要求企业根据消费者的需求开发和销售产品或服务，而网络营销对企业提出了更高要求，即其产品还必须适合利用因特网进行推广和销售，这些产品通常具有两个明显的特征：首先，以无形的服务产品为主，服务产品非常适合网上交易，因为生产者无须预备库存，需求者可随时从网上直接获取产品，无需实物交割和中间媒介；其次，以匀质商品为主，如书籍、机票和股票等产品，其特点是商品的物理外表无关紧要，消费者只要在网上了解了其品牌或内容，就可以做出购买决策。产品的概念由传统的实物或物质产品转变为现代产品概念，即企业售出的不仅是物质产品，更是一种综合服务，包括各类产品、产品的售后服务和纯服务产品，以及产品形象、产品文化和后续产品的系列化标准、围绕消费者需求的新产品开发策略等。在网络营销中，企业要适应不断变化的市场条件和客户需求，企业的新产品开发策略不仅指通过增加花色、品种规模、型号等方式向现有市场提供新产品或改进产品，更重要的是，必须根据网络营销的特点，调整新产品的开发策略，包括按照以用户为中心的策略进行新产品开发，让客户直接参与企业新产品开发的过程，充分利用因特网搜集新产品的开发信息并采用灵活的制造流程，借助网络实现市场开拓。

（3）营销市场的比较

一是市场构成的比较。营销市场是由消费者主体、购买力和购买欲望三个主要因素构成的。传统的市场营销主要研究卖方的产品和劳务如何转移到用户手中的全过程，以及企业等组织在市场中的营销活动及其规律性。而在网络营销市场上，消费者主体向年轻化、知识型、有主见和有较高收入群体变化，消费者的购买力会逐渐向满足发展体力、智力和娱乐等方面转变，消费者的购买欲望不仅受当前社会的政治、经济、科技、文化和宗教等因素的影响，还要考虑方便性，所以越来越多人选择网上购物。

二是市场性质的比较。在网络环境下，传统的层层批转的中间商业环节将逐渐被淡化，这将引起市场性质的变化——生产商和消费者可以通过网络营销系统直接进行商品交易，即原有以商业作为主要运作模式的市场机制将被基于网络、多媒体技术的网络营销所取代。目前市场的变化主要体现在市场的划分越来越细和越来越个性化这两个方面。但在传统市场营销中，这两个方面无论怎么发展，其最终结果还是针对某一特定的消费群体；而网络营销有可能把这两个方面的趋势演变成为满足每个消费者需求的个性化营销。

（4）目标市场的消费者比较

传统的商业流通循环由生产者、中间商和消费者三部分组成，生产者不能直接了解市场需求，消费者也不能直接向生产者表达对产品的需求，因此，总会存在一定的盲目性。在网络营销环境下，生产者和消费者在网络的支持下直接构成商品流通循环，生产者更容易掌握市场对产品的实际需求。在传统营销中，消费者对商品的购买行为主要来自两个方面的影响，即实际工作或生活对某种商品的需求和广告，或因其他各种信息传媒而引发的对某种商品的需求。在网络营销中，消费者面对的是系统，是计算机屏幕，没了嘈杂的环境和各种诱惑，消费者会理性地规范自己的消费行为，在较大范围内挑选商品，理智地选择价格，主动表达对产品的要求，不再像以往那样因受地域的限制，消费者能以一种十分轻松自由的自我服务方式来完成交易。传统营销的消费者群体比较广泛，而网络营销消费者以中青年、具有较高的文化、中等收入阶层为主，且主要集中在发达地区，此外，互联网还可以帮助企业实现与消费者的一对一沟通，便于企业针对消费者的个别需要，提供个性化服务。网络营销能使消费者拥有比传统营销更大的选择空间。消费者可以根据自己的特点和需求在全球范围内不受地域、时间限制，快速寻找满意的商品并充分进行比较，有利于节省消费者的交易时间与交易成本。

依托互联网而产生的网络营销，作为一种新的营销理念和营销方法，与传统市场营销相比，具有跨时空、多媒体、交互式、整合性、高效性、经济性和技术性等特点，已经成为各国营销的新发展趋势，并具有无可替代的功能和优势。网络营销是人类经济、文化、科技发展的必然产物，是传统市场营销在网络环境下的继承、发展和创新，可以不分昼夜、不分区域地运作，在很大程度上改变了传统营销的形态和业态。

2. 网络营销推广与传统营销推广的比较

传统营销推广以传统媒体为传播介质，在传播形态上属于单向传播；网络营销推广以互联网为传播介质，在传播形态上属于互动传播。由于传播介质不同，网络营销推广与传统营销推广在传播范围、传播效果、推广成本、表现形式、交互性等方面存在明显的差异，如表 4-1 所示。

表 4-1　网络营销与传统营销推广的差异

衡量标准	网络营销推广	传统营销推广
传播范围	覆盖区域广，不受时空限制	受时间、空间限制
推广成本	相对较低	相对较高，尤其是电视媒体
传播效果	可量化，能有效监控	不易监控
表现形式	内容丰富、声色并茂、可视性强	除电视媒体外，其他媒体表现形式单一
交互性	强	弱，几乎没有互动性

📖 学有所思

通过对网络营销相关内容的学习，谈一谈你在生活中看到的网络营销活动并说明其特点与作用。

_____

_____

_____

_____

模块二　网络营销策划

　　营销策划是以消费者的需求为营销重心，根据企业的营销目标，通过完善消费者与品牌(或产品)的双向沟通，树立品牌(或产品)在消费者心中的地位，建立长期稳定销售关系的行为。这就要求品牌(或产品)能够建立合适的沟通渠道，实现对消费者的全面触达。所以，企业在策划营销方案时，必须以用户为基础，围绕用户理清网络营销思路。

　　营销策划的目的是建立、维护、传播品牌，强化品牌与消费者之间的关系，满足消费者的需求。然而不管是传播品牌、推广产品，还是维护消费者关系，消费者始终是网络营销的核心。从传播的有效性上分析，更受消费者青睐的传播、与消费者接触更频繁的传播，通常在营销表现方面更加理想。

(一) 网络营销策划的定义

　　网络营销策划是一种依靠网络与信息技术，结合网络环境，运用营销智慧与策略的营销活动与理性行为，是根据企业的营销目标，以满足消费者需求为核心，设计和规划企业产品、服务和创意、价格、渠道等，从而实现个人和组织的交换过程。它立足于企业现有营销状况，对企业未来的营销发展作出战略性的决策和指导，具有前瞻性、全局性、创新性、系统性。

📶 知识拓展

　　4Ps营销理论被归结为四个基本策略的组合，即产品(Product)、价格(Price)、促销(Promotion)、渠道(Place)，由于这四个词的英文字头都是P，再加上策略(Strategy)，所以简称为"4Ps"。

　　4Ps营销理论实际上是从管理决策的角度来研究市场营销问题。从管理决策的角度看，影响企业市场营销活动的各种因素(变数)可以分为两大类：一是企业不可控因素，即营销者本身不可控制的市场营销环境，包括微观环境和宏观环境；二是可控因素，即营销者自己可以控制的产品、商标、品牌、价格、广告、渠道等，而 4Ps 就是对各种可控因素的归纳：

（1）产品策略（Product Strategy），主要是指企业以向目标市场提供各种适合消费者需求的有形和无形产品的方式来实现其营销目标。其中包括对同产品有关的品种、规格、式样、质量、包装、特色、商标、品牌以及各种服务措施等可控因素的组合和运用。

（2）定价策略（Pricing Strategy），主要是指企业以按照市场规律制定价格和变动价格等方式来实现其营销目标，其中包括对同定价有关的基本价格、折扣价格、津贴、付款期限、商业信用以及各种定价方法和定价技巧等可控因素的组合和运用。

（3）渠道策略（Placing Strategy），主要是指企业以合理地选择分销渠道和组织商品实体流通的方式来实现其营销目标，其中包括对同分销有关的渠道覆盖面、商品流转环节、中间商、网点设置以及储存运输等可控因素的组合和运用。

（4）促销策略（Promoting Strategy），主要是指企业以利用各种信息传播手段刺激消费者购买欲望，促进产品销售的方式来实现其营销目标，其中包括对同促销有关的广告、人员推销、营业推广、公共关系等可控因素的组合和运用。

（二）营销策划的原则

在网络营销中，营销即传播，传播应该以消费者为核心，与消费者建立多渠道沟通，并加强消费者与品牌之间的联系。网络营销必须关注消费者的需求，提供能满足消费者需求的信息和产品，并充分考虑消费者接触信息的渠道、方式以及购买的便利性，因此，营销策划必须坚持以下几点原则。

1. 建立用户和流量思维

流量即访问量，是企业开展网络营销推广的目标之一。要通过网络营销获得流量，就必须明白流量在哪里、哪些推广渠道可以获得优质流量、某个渠道的整体流量有多少，以及目标用户、用户获取信息的行为与渠道的流量走向。

如果产品门槛比较低，呈标准化，面向大众用户，那么用大众媒体就能触及更多的用户；如果产品用户偏白领阶层，那么知名的微信公众号可能传播效果较好。营销策划对于单个渠道中流量分布的分析很重要。再比如，互联网广告中搜索竞价广告的流量相对较精准；腾讯社交广告的广告资源位很多，覆盖面很广，如手 Q、空间、新闻等，不同的地方的流量价值不同；今日头条、抖音等信息流广告，流量体量大，覆盖人群广，能够瞬间带来大量的流量，但是转化率难以控制。

如今，传统媒体、数字媒体、社会化媒体呈交叉态势，利用多种媒介进行传播成为主流。例如，某企业赞助电视节目"好声音"，以摇一摇发送短信，或通过微信公众号参与现场互动等方式，触发用户兴趣并开展客户关系营销；用户产生兴趣后，会通过搜索引擎搜索产品信息并进行互动，或者进入应用商店下载企业 App。这就是借势热点开展事件营销，找到流量的引爆点。

做营销策划工作必须首先明确营销目标，建立流量思维和用户思维，明确流量的入口、流量的获取方式以及要面对的用户，分析目标用户的行为习惯、考虑用户的实际需求，与整体目标相匹配。流量思维是指关注流量的总量，流量的路径、留存、PV、活跃、频率、时长和深度。用户思维是指关注用户的属性、偏好、性格、消费能力和价值、周期和响应速度，如图 4-1 所示。

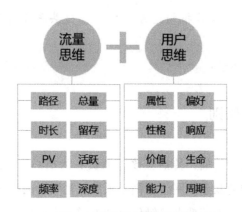

图 4-1　流量与用户思维

2. 掌握营销内容传播规律

网络营销的受众广泛，所面对的消费者的特征更加复杂，消费者的消费行为、消费习惯、消费喜好不断变化，营销成本增加、目标用户覆盖难度加大、营销效果不理想等矛盾凸显，因此，要想取得较为理想的营销推广效果，掌握营销内容传播规律是关键。企业应基于用户思维和流量思维，合理选择传播媒体，通过符合用户行为偏好的营销内容，引导消费者关注、探索并消费，最后持续地做好后续服务，维护客户关系，如图 4-2 所示。

图 4-2　内容传播规律

3. 熟悉网络营销的推广方法

随着通信技术和智能设备的发展，媒体环境的日益多样化、碎片化，越来越多的新媒体以不同的形式进入了人们的生活，消费者接受信息变得更容易、更零碎。营销策划需要研究信息传播方式的变化，分析消费者对感知信息的敏感度，并基于此来制定网络营销推广策略。

虽然网络营销推广的方法很多，但要熟练使用这些方法来达到营销目的，则离不开营销策划，高效的营销策划需要对不同营销推广方法有较为深入了解，了解不同推广渠道的特性。例如，对于搜索引擎竞价广告的推广方法，竞价广告选择投放的关键词并不能够带来多少的流量，而是为了精准获取目标用户并转化，选择投放的关键词都是有购买意向的关键词，通过这些关键词可以找到那些相对来说比较精准的用户，这是一个非常典型的精准营销案例。精准营销要的是精准，即不追求高流量，追求的是高质量用户。

4. 明确营销推广的定位

网络营销策划中最重要的环节就是营销定位，明确定位后在后续的网络营销活动中更能清楚地掌握目标客户、竞争对手、用户定位等信息。清晰的定位是提高营销效率和质量的重要保障，定位不明确，后面的工作将很难进行。

(三) 网络营销策划的主要工作

网络营销策划是对营销活动进行的全方位、系统性策划，它涵盖了营销调研、市场细分、目标市场选择、市场定位、营销组合策略设计和营销管理的方方面面。营销推广是以互联网为基础，利用数字化信息和网络媒体的交互性来辅助营销目标实现的一种新型的市场营销方式。营销策划实施是指营销策划方案实施过程中的组织、指挥、控制与协调活动,是将营销策划方案转化为具体行动的过程。企业的营销策划方案完成以后,要通过企业营销管理部门组织实施,分配企业的人、财、物等各种营销资源,处理好企业内外的各种关系,加强领导与激励,提高执行力,把营销策划内容落到实处。

学有所思

通过对网络营销策划相关内容的学习,请谈一谈你对营销策划的理解。

_____

_____

_____

_____

_____

模块三 网络营销方法

要想取得好的推广营销效果，企业应选择合适的网络营销方法。网络营销的方法多种多样，根据营销工具或平台的不同来看，目前常见的网络营销方法有搜索引擎营销、微博和微信营销、社群营销、软文营销和大数据营销等。

(一)搜索引擎营销

搜索引擎营销(Search Engine Marketing)是基于搜索引擎平台的网络营销，具体指利用人们对搜索引擎的依赖和使用习惯，将营销信息有效地传递给目标用户，是目前主要的网络营销手段之一。常见的搜索引擎有百度、搜狗和360等，常用方法包括关键词竞价排名和搜索引擎优化。

1. 关键词竞价排名

关键词竞价排名是搜索引擎提供的一项有偿排名服务，营销者为网站购买关键词排名服务，并按点击付费，网站付费后就能被搜索引擎收录，并按付费多少，从高到低依次排列，付费越高，排名可能越靠前。例如，在百度中搜索"家装"关键词，排在前列的且末尾有"广告"字样的搜索结果就参与了关键词竞价排名。在搜索引擎中，营销者可以通过调整点击付费，控制网站在特定关键词搜索结果中的排名，并设置不同的关键词来捕捉不同类型的目标消费者。

就关键词竞价排名而言，关键词的选择非常重要，营销者在选择关键词时应当坚持以下五项原则。

第一，关键词不能太宽泛。关键词不宜选择过于宽泛的词，例如，一家位于杭州的宠物医院网站，不宜选择"宠物"或"宠物医院"作为关键词，可以在关键词中加上地域标签，如"杭州宠物医院"。

第二，关键词不能太特殊。太特殊的关键词，虽然竞争不会很激烈，但是搜索关键词的用户也很少，达不到营销效果。一般来说，企业名称、品牌名称、商品名称都属于特殊关键词。例如，上面提到的宠物医院，如果选择"杭州×××宠物医院"作为关键词就过于特殊，因为一般很少有人会搜索全称。

第三，站在用户的角度思考。对于关键词，营销者如果仅仅根据自身的主观想法来选择，可能因过于专业而不太符合用户的搜索习惯。因此，营销者选择关键词时还应该站在用户的角度去思考，可借助网站数据调查或分析工具，熟悉用户的搜索习惯，从而确定关键词。

第四，选择竞争度小的关键词。有些关键词的含义相同或相似，但搜索量和竞争度却不同，选择关键词时应当选择搜索量较大、竞争度较小的关键词。营销者可以通过关键词挖掘、扩展工具列出关键词的搜索次数及竞争度数据，从中找出搜索次数相对较多、竞争度较小的关键词。

第五，选择商业价值高的关键词。不同的关键词有不同的商业价值，例如，搜索"数码相机成像原理"的用户购买意图低，所以该关键词的商业价值也就很低；搜索"数码相机价格"关键词的用户购买意图则强得多，所以该关键词的商业价值也就高得多；搜索"数码相机购买"或"数码相机促销"的用户购买意图相当明确，这类关键词的商业价值就非常高。

2. 搜索引擎优化

搜索引擎优化（Search Engine Optimization，SEO）是指通过提高网站的质量，使网站各项基本要素适合搜索引擎的检索原则，从而更容易被搜索引擎收录及优先排序。搜索引擎优化主要包括站内搜索引擎优化和站外搜索引擎优化。

一是站内搜索引擎优化。站内搜索引擎优化主要可以通过 META 标签优化、内部链接优化和网站内容优化来实现。META 标签是网页 HTML 源代码中用来描述网页文档属性的标签，可包括网页标题、关键字、描述、营销者等内容；内部链接主要是网站中的相关性链接（tag 标签）、导航链接和图片链接，要保证这些链接的指向正确且有效；网站内容优化主要是指保持内容的及时更新。

二是站外搜索引擎优化。站外搜索引擎优化是指优化外部链接，使链接真实自然并合理递增。例如，链接一些外部链接，如贴吧、百科和新闻等，使链接更加丰富多样。每天增加一定数量的外部链接，能保证关键词排名的稳定上升。

(二) 微博和微信营销

在移动互联网快速发展的今天，社交媒体已经成为人们日常生活中不可或缺的一部分。其中，微博和微信是我国互联网社交媒体中的两款非常受欢迎的 App，已经积累了数以亿计的庞大用户群，具有极高的营销价值，无论是个人还是企业都热衷于开展微博营销和微信营销。

1. 微博营销推广

微博是即时信息的一种特殊形式。它允许用户将自己的最新动态和想法以短信息的形式通过手机或电脑等设备发送到个性化网站群。微博的使用非常方便，用户可以借助网页、手机，甚至 IM 等方式，随时随地将信息发布到网上。简单地讲，微博营销就是利用微博工具进行营销传播。微博可以让用户播报短消息给朋友或粉丝，也允许用户指定一些想要跟随或关注的微博用户，通过这样的方式可以在同一页面上看到所有关注用户的信息。微博营销是通过微博为个人或企业等创造价值而执行的营销方式，是基于粉丝基础进行的营销，微博上的每一个活跃粉丝都是潜在的营销对象。营销者要想取得良好的微博营销效果，一方面要拥有更多的粉丝，另一方面要有有效的粉丝流量。因此，在微博营销的实际操作过程中，需要使用一些营销方法和技巧，以获得更多的有效流量。

2. 微信营销

微信是基于移动设备而产生的主流即时通信软件，是一个能及时与用户建立联系的交流平台，可以通过语音、文字、视频等实现一对一或多人之间的互动。微信作为当今较流行的移动互联网应用之一，无疑是营销的理想选择。

微信营销是网络经济时代的企业营销模式的一种创新，是伴随着微信用户的快速增长而兴起的一种网络营销方式。微信不存在距离限制，用户注册微信后，可与周围同样注册的"朋友"形成某种联系。用户还可以订阅自己所需的信息，商家可通过提供用户需要的信息来推广自己的产品，从而实现点对点的营销。一般来说，微信营销主要是利用微信朋友圈、微信公众号进行营销。

（1）微信朋友圈营销

朋友圈是微信的一个社交功能。一般来说，微信朋友圈营销首先需要营销者积累微信好友，有了一定数量的微信好友后，就可以在朋友圈中植入营销信息，通过朋友圈的频繁互动来推广商品或服务。其次，营销者在微信朋友圈发布的内容既要有可看性，又要能发挥较大的营销价值，这就需要营销者掌握一定的技巧。

（2）微信公众号营销

微信公众号是基于微信而开发的功能模块，与微信朋友圈相比，微信公众号的传播范围更大，能吸引更多的潜在用户。一般来说，微信公众号主要通过推送文章进行营销，因此，对公众号提供的内容提出了很高的要求，如个性化、趣味性、具有价值等，才能有效增强用户黏度，提升营销效果。

（三）社群营销

社群营销是指通过移动终端或网络社区等载体，将具有共同兴趣、爱好的人聚集在一起，进而营销商品或服务的营销模式。社群营销的载体不局限于微信，各种传播平台都可以做社群营销，如论坛、微博、QQ群以及线下的社区等。

营销者通过微信等平台聚集特征相似的目标用户，为目标用户打造长期沟通的渠道，不仅能够满足不同层次目标用户的消费需求，还可以通过社群口碑来推广品牌和商品，从而扩大营销优势。开展社群营销，一方面要维持社群的活跃度，另一方面要用社群成员能够接受的方式传递营销信息。

（四）软文营销

软文营销是指以软文的形式推广商品或服务，促进销售。软文是一种技巧性很强的广告形式，相较宣传商品的纯广告类硬性广告，其精妙之处在于一个"软"字，即巧妙地植入广告，用商品故事、人物生活等内容包装广告，引人入胜，从而产生"润物细无声"的传播效果。

首先，想要写一篇好的软文，营销者要有深厚的文字功底。营销者需要通过不断的练习来提高撰写软文的能力，同时，撰写软文有"套路"可循，掌握一定的技巧将会事半功倍。设计一个具有吸引力的标题是软文营销的基础，只有标题能引起用户的阅读兴趣，才可能实现营销目的。设计具有吸引力的标题是为了传递出软文的可读性，刺激用户的阅读欲望。

其次，撰写软文需要营销者具备敏锐的洞察力，能够觉察到具有关注度的切入点。常见的切入点是热门新闻、热点话题。纵观网络中传播较广的软文，其商业气息都不是很重，且展示的内容对用户而言很有价值。一般来说，软文之后的广告内容篇幅不应太长，且广告内容应放在文章中间靠后的位置。因为，广告内容的位置靠前，用户一般会产生排斥心理，不愿意继续阅读下去；广告内容的位置靠后，如果内容不够吸引人，用户可能不等读完就关闭了网页。

（五）大数据营销

大数据营销也叫数据驱动式营销，它伴随着大数据技术而产生，以驱动用户高效参与为目的，从而促进营销者更好地进行营销决策。例如，百度的推荐服务，淘宝、天猫等购物网站的个性化推荐就是大数据营销的典型应用。

1. 大数据营销的优势

得益于大数据技术对用户的精准识别和预测，营销者在营销活动中引入大数据技术后，能够获得独特的优势。

（1）精准性

相较于人脑对信息的分析和判断，大数据技术能够处理大量的数据，且计算机算法能避免可能会出现的偏见、懈怠与失误，因此体现出更高的精准性，分析结果的可信度更高。因此，依靠大数据，营销者能够科学、有效地分析数据，从而确定合理的营销策略。

（2）预测性

预测是大数据的核心价值。传统的数据分析只能进行事后分析，而利用大数据技术，营销者能从用户的真实交易数据中预测其下一次的购买行为。大数据能把一个非常困难的预测问题转化为一个相对简单的描述问题，这是传统数据分析方法无法做到的。

（3）低成本性

大数据技术能够帮助营销者降低营销成本，精准定位潜在用户群体，锁定目标后，因为仅针对小部分的特定人群，其成本自然低于对全部人群开展的营销活动。

2. 大数据营销的重点

大数据营销的重点是数据，一般来说，大数据营销的数据来源包括内部数据和外部数据。

（1）内部数据

内部数据是指营销者自主收集的数据，包括财务数据、营销数据、销售数据、用户数据等，往往准确性高、针对性强，价值很高，但数据量较少。

（2）外部数据

内部数据往往仅限于交易层面，不足以支撑大数据技术分析。因此，营销者还需要以合作、购买等方式获取数据，包括外部采购数据、社交媒体数据和公开数据等。外部数据量极大，但是往往格式不一、真假混杂。

3. 大数据营销的应用

大数据营销依托多平台的大数据采集，以及大数据技术的分析与预测能力，能够使营销更加精准有效。总的来说，大数据营销主要应用于以下四个方面。

📋 课程思政

2020年11月10日，国家市场监督管理总局发布《关于平台经济领域的反垄断指南(征求意见稿)》。2021年2月7日，国务院反垄断委员会出台了《国务院反垄断委员会关于平台经济领域的反垄断指南》，对消费者反映较多的"大数据杀熟"等问题作出专门规定。2021年4月13日，市场监管总局会同中央网信办、税务总局召开互联网平台企业行政指导会。会议指出，实施"大数据杀熟"问题必须严肃整治。8月17日，个人信息保护法草案提请全国人大常委会会议三审，对禁止"大数据杀熟"等内容作出规定。

>>>想一想：大数据杀熟反映了什么现象？说明了什么问题？

_____

_____

_____

(1)商品关联

商品关联即在一个商品展示页放上其他同类型、同品牌、可搭配等有关联的商品，从而让用户多看多点击以便扩大成交率。商品关联基于大数据，综合了众多用户的行为、习惯、偏好，有效建立了不同数据之间的关联。

(2)基于地理位置进行营销

基于地理位置信息进行的精准推荐也是大数据营销的典型应用。一般来说，用户一旦打开软件并登录，软件就会自动定位，并将地理位置信息上传到数据库中，检索出附近能提供的服务。同时，软件会读取用户手机的机器识别码，与信息仓库中的数据进行匹配，寻找出有关的数据，再运用大数据技术分析这些数据，就能够得到该用户的行为偏好，将该用户的行为偏好与附近的服务信息进行比对，并筛选出适合该用户的服务，然后进行精准推荐。

(3)个性化推荐

比较常见的个性化推荐有网易云音乐的每日推荐、淘宝网的"猜你喜欢"、今日头条的个性化资讯推送等。基于大数据营销，营销者通过分析大数据，根据用户的历史记录了解用户的喜好，从而主动为用户推荐其感兴趣的信息，满足用户的个性化需求。

(4)精准广告投放

广告是营销者向目标用户传达信息的重要载体。利用大数据技术，营销者可以采取更为科学、精准的广告投放策略，即利用大数据的采集与分析功能，通过精确定位将广告定向投放给目标用户。

📖 学有所思

通过对网络营销方法相关内容的学习，说一说如果你为企业做营销推广，会用哪些方法？依据是什么？

_____

_____

_____

_____

_____

☑ 自学测试

1. 单项选择题

(1)以下不属于网络推广渠道的是(　　　)。

    A. 电子邮件营销　　　　　　　B. 事件营销

    C. 电视广告　　　　　　　　　D. 视频营销

(2)社会化营销不包括下面哪种营销渠道？(　　　)

    A. 微博营销　　　　　　　　　B. SNS 营销

    C. 微信营销　　　　　　　　　D. 邮件营销

(3)网络营销推广的优势不包括(　　　)。

    A. 覆盖区域广，不受时空限制　B. 内容丰富

    C. 不易监控　　　　　　　　　D. 声色并茂、可视性强

(4)网络推广的作用不包含以下哪一项？(　　　)

    A. 有利于提升企业形象

    B. 属于营销范畴，是营销的一种表现形式

    C. 可以利用网站及时得到客户的反馈信息

    D. 可以与潜在客户建立商业联系

(5)网络营销的基本功能不包括(　　　)。

    A. 品牌推广　　　　　　　　　B. 提高转化

    C. 促进销售　　　　　　　　　D. 客户服务

(6)下列不属于网络市场调查方法的是(　　　)

A. 访问专业网站 　　　　　　　B. 在线问卷法

C. 网上实验法 　　　　　　　　D. 网上观察法

(7) 下列( )不是常见的网络广告。

A. 信息流广告 　　　　　　　　B. 文本链接广告

C. 音频广告 　　　　　　　　　D. 视频广告

(8) 网络营销的常用方法不包括( )。

A. 电子邮件营销 　　　　　　　B. 微信营销

C. 微博营销 　　　　　　　　　D. 社群营销

2. 多项选择题

(1) 下面各项中，属于网络营销特点的有( )。

A. 全球性 　　　　　　　　　　B. 交互性

C. 真实性 　　　　　　　　　　D. 经济性

(2) 网络市场调查的步骤主要包括( )。

A. 提交计划 　　　　　　　　　B. 提交报告

C. 收集信息 　　　　　　　　　D. 明确问题与确定调查目标

(3) 做好微博营销，需要掌握的营销方法和技巧有( )。

A. 利用活动营销 　　　　　　　B. 利用微博热搜营销

C. 开展粉丝营销 　　　　　　　D. 利用微博话题营销

(4) 大数据营销的数据来源包括( )

A. 内部数据 　　　　　　　　　B. 外部数据

C. 线上数据 　　　　　　　　　D. 线下数据

3. 名词解释

(1) 网络营销

(2) 网络营销环境分析

(3) 网络广告

(4) 大数据营销

4. 简答题

(1) 请简述网站推广的渠道。

(2) 结合实际情况，谈一谈你对微信营销推广的理解。

(3) 请比较网络营销与传统营销的优劣。

📋 项目实训

项目背景

通过对网络营销基础知识的学习，小莉对于互联网营销的相关概念有了进一步的认识，但还需要将知识应用于实践，探索不同类型的网站特点，分析部分主流网站的盈利模式等。

任务一　掌握搜索引擎的使用技巧

任务描述

第一步，小莉准备从了解常用的搜索引擎，熟悉搜索引擎的工作原理，通过实际操作掌握搜索引擎的相关技巧着手，为探索网络营销打下坚实基础。

操作指南：

根据搜索引擎使用流程，任选某一关键词进行搜索，尝试体验各类搜索技巧，并保留搜索截图，保存文件为"搜索引擎使用技巧.doc"。

搜索技巧：

(1)把搜索范围限定在网页标题中——intitle：标题；

(2)把搜索范围限定在特定站点中——site：站名；

(3)把搜索范围限定在 [url]url 链接中——inurl：链接；

(4)精确匹配——双引号" "和书名号《 》；

(5)要求搜索结果中同时包含或不含特定查询词——"+"、"－"(减)；

(6)专业文档搜索——filetype：文档格式。

任务二 分析各类型网站的盈利模式

第二步，小莉通过使用搜索引擎检索到各种不同类型的网站，并且发现每个网站都具有不同的特性，她打算通过浏览不同的网站，分析各类网站的特性和盈利模式。

操作指南：

通过搜索，在网上分别找出三个门户资讯类网站、企业品牌网站、交易网站、社区网站、个人网站，做出相关分析后将信息填在下表中。

网站类型	网站名称	网址	盈利模式
资讯类网站			
企业品牌网站			
交易网站			
社区网站			

网站类型	网站名称	网址	盈利模式
个人网站			

项目总结

通过对本章的学习，我的总结如下：

一、主要知识

1.

2.

3.

4.

二、主要技能

1.

2.

3.

4.

三、成果检验

1. 完成任务的意义：

2. 学到的知识和技能：

3. 自学的知识和技能：

4. 对网络营销的发展的判断：

项目五　　电子商务物流

项目介绍

　　本项目主要讲述电子商务物流基础知识，包括物流的概念与基本功能、电子商务物流的特点、电子商务与物流之间的关系以及常见的第三方物流公司、电子商务物流事件处理、电子商务仓储与物流管理等内容。

　　本项目的实践任务主要通过对物流众包模式的信息收集、处理与分析，深度了解物流的众包模式；通过对新型物流模式的分析，熟悉物流的基础知识，并提升互联网信息处理与使用能力。

学习目标

（1）了解物流的基本概念、功能和分类；

（2）了解物流的社会价值和作用；

（3）熟悉电子商务物流的定义和特点；

（4）熟悉电子商务与物流之间的关系；

（5）熟悉电子商务物流管理的目标、内容、特点以及管理原则和管理职能；

（6）掌握常见的第三方物流公司的运作特点；

（7）熟悉选择物流公司的相关知识；

（8）熟悉处理物流意外事件的相关知识；

（9）熟悉电子商务仓储与物流管理的相关知识。

知识结构

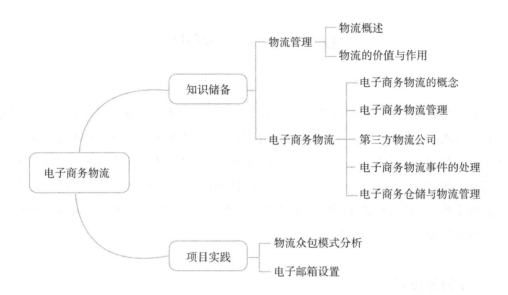

学习计划

小节内容		物流管理	电子商务物流管理	电子商务仓储与物流管理
课前预习	预习时间			
	预习自评	难易程度　　□易　　□适中　　□难 问题总结：		
课后巩固	复习时间			
	复习自评	难易程度　　□易　　□适中　　□难 问题总结：		

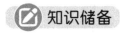 知识储备

模块一　物流管理

在电子商务快速发展的背景下，商品销售日益呈现渠道多样化、地域广泛化等特点，电子商务物流及其管理也因此出现许多新的特点。本项目在分析电子商务物流的特点及其发展趋势的基础上，重点介绍了电子商务物流管理的基本过程，包括运输、存储、包装、装卸搬运、流通加工、配送等。通过学习本项目的内容，学生不仅能够理解电子商务与现代物流的关系，还能更好地把握电子商务物流管理的现状与发展趋势，对解决现实中的电子商务物流管理问题有一定帮助。

（一）物流概述

1. 物流的概念

物流概念的萌芽是随着商品经济的发展而出现的，物流是包含于销售之中的物质资料和服务在从生产地到消费地点流动过程中所伴随的种种经济活动，是为了满足消费者需要而进行的，从起点到终点的原材料、中间过程库存、最终产品和相关信息有效流动和存储计划、实现和控制管理的过程。

20世纪70年代，物流概念被引入我国。2006年，《中华人民共和国国家标准·物流术语（GB/T18354—2006）》中对物流的定义：物流即物品从供应地向接收地的实体流动过程，根据实际需要，将运输、储存、装卸、包装、流动加工、配送、信息处理等基本功能实施有机的结合。

从物流概念的演变过程，可以看出：①物流是物品在时间和空间上的转移过程，这里的物品不仅包括有形商品，也包括无形服务；②物流概念的内涵和外延随着经济活动的发展，在不断地调整和完善，并向更高层次扩展。

2. 物流的基本功能

物流的功能是由物流系统所具备的基本能力有机联系而形成的总体功能。物流系统的基本功能包括运输、仓储、包装、装卸搬运、流通加工、配送和信息处理等。

　　欧洲物流协会于 1994 年发表的《物流术语》中将物流定义为：物流是在一个系统内对人员或商品的运输、安排及与此相关的支持活动的计划、执行与控制，以达到特定的目的。

　　美国物流管理协会对物流的定义是：为满足顾客需要，对商品、服务及相关信息从产生地到消费地的高效、低成本流动和存储而进行的规划、实施与控制。

　　日本后勤系统协会将物流改称后勤，并定义为："后勤"是一种对于原材料、半成品和成品的有效率流动进行规划、实施和管理的思路，它同时协调供应、生产和销售各部门的个别利益，最终达到满足客户需求的目的。换言之，"后勤"意味着按要求的数量并以最低的成本送达指定的地点，以满足客户的需要作为基本目标。

　　(1)运输

　　运输是利用运输工具(火车、汽车、轮船、飞机、管道等)实现物品空间位置移动的物流活动。运输过程既不改变货物的实物形态，也不增加货物的数量，是物流各环节中最主要的部分。

　　(2)仓储

　　仓储是指物品在空间移动过程中的暂时存放、保管等活动。仓储可以解决物品生产与消费在时间上存在的矛盾，是物流创造时间价值的主要功能点。

　　(3)包装

　　包装是指在物流过程中，按一定技术方法，采用容器、材料及辅助物等对物品实施组合、拼配、加固和标识等操作。包装不仅能保护商品，还能促进商品的销售，也方便运输与消费。

　　(4)装卸搬运

　　装卸搬运是指在物流活动中，对物品在同一地域范围内所实施的垂直及水平方向的短距离空间位置移动。装卸搬运完成了运输、存储、包装、流通加工等物流活动中各环节的衔接。

　　(5)流通加工

　　流通加工是指在物流活动过程中进行的辅助性加工活动，其目的是为了弥补生产过程中加工程度的不足，更有效地满足用户的需求，提高物流效率，是物流创造附加增值价值的主要功能点。

（6）配送

配送是指将物品送至消费者手中的物流活动。配送几乎是物流的一个缩影或小范围内物流全部活动的体现，一般的配送集装卸、包装、保管、运输于一体，是物流的最终阶段。

（7）信息处理

物流信息处理是指保证上述各项活动正常运作的信息服务，包括对物流体系的计划、预测，对物流动态信息（运量、收发、存数）及其有关的费用、生产、市场信息，如资料、图像、数据、文件等的收集、汇总、统计、加工、分析、提炼等有效活动。

3. 物流的分类

现代物流是经济全球化的产物，也是推动经济发展的重要产业。为了方便探索、分析、揭示和认识物流现象，需对物流进行科学分类。常见的物流分类有以下几种。

（1）按物流活动地域覆盖范围分类

按照物流活动的地域覆盖范围，可将物流分为国际物流和国内物流。国际物流是指两个或两个以上国家之间的物流。随着全球经济一体化的发展和国际经贸往来的日益扩大，物流的国际化趋势越来越明显。国内物流是在一个国家范围内的物流活动。相对于国际物流而言，由于国内物流所处的法律、人文、技术等环境基本相同，物流活动的风险和复杂性较低。

（2）按物流在供应链节点中的作用分类

按照物流在供应链节点中的作用，可将物流分为供应物流、生产物流、销售物流、回收物流和废弃物物流。供应物流是指企业为保证生产与经营活动的进行，不断组织原材料、零部件或商品的物流活动。生产物流是指从企业的原材料入库起，直到生产过程结束，并流转至成品库的物流活动过程。销售物流是指企业出售产品时，物品在供方与需方之间的实体流动，主要包括包装、运输、装卸搬运、储存（主要是成品储存）等物流活动。回收物流是指不合格物品的返修、退货及周转使用的包装容器从需方返回到供方所形成的物品流动。废弃物物流是指将经济活动中失去原有使用价值的物品，进行收集、分类、加工、包装、搬运和储存等，并分送到专门处理场所时所产生的物流活动。

（3）按照从事物流的主体分类

按照从事物流活动的主体，可以将物流划分为第一方物流、第二方物流和第三方物流。第一方物流又称自营物流，是指卖方、生产者或者供应方为其自身生产和销售物品的需要而组织的物流活动。第二方物流又称分销商物流，是指买方、销售者或流通企业以采购和销售物品为目的而组织的物流活动。第三方物流又称合同制物流，指生产经营企业为集中精力专注核心业务，把属于自己应处理的物流活动，以合同方式委托给专业物流服务企业，同时通过信息系统与物流服务企业保持密切联系，以达到对物流全程的管理和控制的一种物流运作与管理方式。

（二）物流的价值与作用

在经济社会中，物质的流动过程是价值流转的外在表现形式，也是经济活动的物质表现形式，与经济社会发展的关系极为密切。物流成为一个独立的经济过程，是经济社会发展的必然结果，而物流自身的不断发展也取决于经济社会发展的程度。无论从微观经济的运行，还是从宏观经济的运行上来看，物流的作用都显得尤为重要。

1. 物流的价值

商品是使用价值和价值的统一体。任何产品只有通过物流环节，到达消费者手中，才能成为具有商品价值、货币价值和使用价值的商品。商品的市场供求活动实际上是通过商品的实体运动，实现商品的所有权转移的过程。在现实中，可能是通过一次或多次交易活动，使商品价值形式发生变化，将商品的所有权逐次转移，最后到达消费者或使用者手中。因此，物流的基本特征是实物的流转，即使用价值的流转。

（1）创造时空价值

商品在不同时间、不同地点具有不同价格，正是时间和场所差别给物流带来了时间价值和空间价值。物流的时间价值是指物品在运动的过程中，可以根据需要来调整物品从供给者到需要者之间的运动时间，通过改变这一时间差来创造经济效益。例如，通过加快物流速度、缩短物流时间来减少物流损失，降低物流消耗，提高物流周转率以节约资金等；通过弥补或延长供货时间，解决供给与需求之间存在的季节性、周期性矛盾，实现时间价值。物流的空间价值是指在物流的运作与管理中，供给者和需求者之间往往处于不同的空间，可以通过改变物品的集中与分散存放形式、甲地到乙地的空间位置等方式来获得价值差。

（2）创造加工价值

加工价值是指在物流过程中，对物品进行一定的完善以及补充、增加特性的加工活动，这种加工活动不能创造商品实体、形成商品的主要功能和使用价值，只形成劳动对象的附加价值。

📑 课程思政

目前许多企业均在积极推进"绿色物流"理念，在生态和经济两者之间找到平衡点，如积极减少使用容易造成环境污染的托盘和包装材料，促进木材、纸张和金属等包装材料循环使用和废品及时回收再生，减少二氧化碳等温室气体排放，等等。

>>>想一想：包装的回收再利用体现了什么思想？

_____

_____

_____

2. 物流对国民经济的作用

物流是社会经济的动脉，是联结社会经济各方面成为一个有机整体的纽带。物流像链条一样把国民经济中的众多的产业、部门、企业、人员，成千上万种物品以及不同的地区、城市和乡村连接起来，成为有序运行的国民经济整体，不仅提高了国民经济发展的总体效益和效率，推动商品交换市场的逐步扩大，而且促进了国民经济各产业部门间的产业链和价值链的建立并得到进一步巩固。

第一，物流是保障企业生产经营连续性的前提条件。一方面，企业的生产需要原材料、燃料、工具和设备等物资通过物流不断供给，各种物质资料也要在各个生产场所和工序之间通过物流传递；另一方面，成品又必须通过物流运输并及时销售出去，实现商品的价值，以保证企业生产经营系统的正常运行。

第二，物流是保证商流顺畅进行的基础。一方面，通过商流，能实现商品所有权的转移，即实现商品的价值；另一方面，通过物流，能实现商品从生产地到消费地的空间转移，即实现商品的使用价值。商流引起物流，但没有物流的服务，商流就不能完成，商品的价值和使用价值就不能真正实现。

第三，物流是提高企业核心竞争力的重要因素。一方面，物流活动借助现代网络信息、通信技术、交通运输技术等应用科学技术，加速了信息流和资金流的流转速度，为企业减少了消耗，降低了成本，增加了利润；另一方面，物流的服务保障提高了企业的服务水平，进而从整体上增强了企业的竞争能力。

📖 学有所思

通过对物流管理相关内容的学习，请你谈一谈物流与快递有何关联？两者的主要区别又是什么？

_____

_____

_____

_____

_____

模块二　电子商务物流

🔲 案例引入

　　菜鸟智能物流控股有限公司(以下简称"菜鸟")成立于2013年。在数字化方面，菜鸟推动电子面单成为整个物流行业的数字化基础。通过对电子面单信息的收集与录入，物流企业可以形成信息化的控制流程，这使全国整体物流速度得到提高，当日达服务将不再局限于中心城市。同时，菜鸟通过智能算法分配订单路由，实现了快递公司包裹与网点的精准匹配，准确率在98%以上，分拣效率提高了50%以上。

　　菜鸟的智能物流骨干网将仓储、干线、末端、车辆、人员、包裹、门店等全物流要素连接起来，通过叠加人工智能和算法，不断提高网络的智能化水平，最终提升商家的物流效率与消费者的物流体验。菜鸟网络通过搭建智能物流骨干网，汇集商家、物流公司以及来自第三方的数据资源，实现了物流过程的数字化、在线化、智能化。同时，菜鸟利用人工智能、云计算等技术，实现了物流信息的高速流转，优化了生产资料、货物等物资的物流过程，极大地提高了物流效率。可见，科学有效地实施物流信息管理对于电子商务物流的未来发展具有重要意义。

　　未来，中国每天的快递量将会达到10亿件，尽管数量庞大，但未来智慧物流将实现国内24小时必达、国际72小时必达。让我们拭目以待！

　　>>>想一想，快捷、智能的物流给人们的生活带来了怎样的变化？

_____

_____

_____

　　电子商务物流管理是对电子商务物流活动中的可利用资源进行计划、组织、指挥、协调、控制等，使各项物流活动实现最有效的协调配合，以降低物流成本，提高物流效率和经济效益。

（一）电子商务物流的概念

目前，对电子商务物流尚无统一的定义，有人将它理解为与电子商务模式相配套的物流，也有人将它视为物流的电子商务化，即对电子商务物流基本概念的理解有两层含义：一是指电子商务交易中的物流活动；二是指利用电子化的手段，尤其是利用互联网技术完成的物流活动。从更广义的角度去理解这一概念，即"电子商务时代的物流"，是物流随着科学技术发展的必然结果，而电子商务交易中的物流活动应该理解为电子商务市场中的物流，是非实体市场中产生的物流活动。

1. 电子商务物流的定义

电子商务物流又称电子物流（e-logistics），目的就是通过物流组织、交易、服务、管理方式的电子化，实现物流的商务运作过程，使物流商务活动能够方便、快捷地进行，以实现物流的快速、安全、可靠和低费用，是未来现代物流的主要发展方向。电子商务物流也可从广义和狭义角度来定义。广义的电子商务物流是指依靠计算机技术、互联网技术、电子商务技术、移动电子商务技术、短线距离通信技术等电子化手段进行的物流活动，其本质是应用信息技术实现物流运营的自动化、网络化、柔性化、智能化和全球化等，降低物流成本、提高物流运行效率；狭义的电子商务物流是指基于互联网、移动通信网络所进行的物流活动，即网上物流。

2. 电子商务物流的特点

相较传统物流，电子商务物流具有以下几个方面的特点。

（1）信息化

在电子商务时代，一方面，先进的信息技术是电子商务的核心，物流信息化也是电子商务的必然要求，物流系统只有具有良好的信息处理和信息传输系统，才能提供最佳的物流服务；另一方面，没有物流的信息化，任何先进的技术或设备都不可能应用于物流领域。

（2）自动化

物流自动化的基础是信息化，核心是机电一体化，外在表现是无人化，以扩大物流作业能力、提高劳动生产率、减少物流作业的差错和节约劳动力等为其效果的最终体现。物流自动化的设施非常多，如自动识别系统、自动分拣系统、自动存取系统、自动导向车、货物自动跟踪系统等已成功用于物流作业流程中。

（3）网络化

互联网的全球化发展及网络技术、GPS、GIS 和 5G 的广泛应用为物流的网络化提供了良好的外部环境，社会信息化的推进为物流的网络化提供了现实基础，电子商务物流是在网络化的基础上谋求物流过程的高效率、协调性和总体经济性，物流网络化成为电子商务时代物流活动的主要特征之一，它包括两层含义：一是物流信息的网络化；二是组织的网络化。物流信息的网络化是指通过计算机通信网络和移动通信网络的应用，将物流中心与上游供应商或制造商、物流中心与下游顾客之间的实时与非实时订单、库存、客户服务等信息进行网络化传递与交互。组织的网络化是指在高效的物流信息网络支持下，企业或组织通过互联网和移动通信网络将设计、生产、财务、外包等环节连接为一个有机的统一体。

（4）智能化

智能化是物流系统自动化、信息化的一种高层次应用，物流作业过程中库存水平的确定、运输路径的选择、自动分拣机的运行、物流配送中心的经营管理等环节需要借助于专业知识才能合理、高效地运筹与决策。

专家系统、机器人等相关技术在国际上的成熟应用，极大地促进了物流的智能化发展。目前，物流的智能化已成为电子商务时代物流发展的一个新趋势。

（5）柔性化

随着市场竞争的加剧，用户的个性化需求越来越普遍，柔性化就是为践行以顾客为中心的理念而在生产领域提出的，它要求企业能真正地根据消费者需求的变化来灵活调节生产工艺。柔性化的物流正是适应生产、流通与消费的需求而出现的一种新型物流模式，要求物流配送中心要根据消费需求品种多、批量小、批次多、周期短的特点，灵活组织和实施物流作业。

（6）整合和集成化

整合和集成化是电子商务物流的重要特征之一。通过对制造、农业、流通等领域的物流资源的整合，形成规模经济与范围经济效应，有效降低成本，促进以物流功能集成为核心的新服务形式，提高了资源的使用效率和企业效益。物流产品是运输、装卸、搬运、包装、保管、信息等分立在企业内部，或分散在企业外部的物流功能经有机协调而形成的专业物流服务，是物流资源和功能整合、集成的外部市场化的结果。

3. 电子商务对物流的影响

随着互联网的日益普及，电子商务的应用和推广加快了世界经济一体化进程，对物流领域产生了巨大的影响，不仅拓展了物流的时间和空间，而且推动物流的高效化、合理化和现代化发展。

（1）电子商务将改变传统的物流观念

电子商务为物流创造了一个虚拟性的运动空间，使人们对物流组织模式以及物流各作业、功能环节有了新的认识。在进行物流活动时，物流的各种职能及功能可以用虚拟化的方式表现出来，在此过程中，人们可以通过各种组合方式，寻求物流的合理化，使商品实体在实际运动过程中实现效率最高、费用最省、距离最短、时间最少的传输。

（2）电子商务将改变物流的运作方式

电子商务不但实现了对物流网络的实时控制，而且实现了对物流整体活动的实时控制。在传统的物流活动中，物流是紧紧伴随着商流来运动的，对物流的控制也仅仅是通过计算机实现对单个物流运作过程的控制。而电子商务物流是以信息为中心的，信息不仅决定了物流的运动方向和运作方式，而且通过网络上的信息传递，还可以有效地实现物流在全球范围内的整体实时控制。

（3）电子商务将改变物流企业的经营形态

电子商务不仅改变了物流企业的竞争方式，而且也改变了物流企业的经营方式。在传统经济条件下，物流往往是由某一企业来进行组织和管理的，在物流企业之间的激烈竞争中，主要依靠提供优质服务、降低物流费用等措施来争取优势地位。而电子商务物流要求企业在组织物流的过程中，由原来单一的、分散的状况向多样化的、综合化的方向发展，面向全社会提供高质量的物流服务。同时，由于电子商务需要在一个较大的区域范围内、由具有多种物流功能的经济联合体系统来保证商品实体的合理流动，这要求物流企业联合起来，并在这一联合体的内部形成一种既竞争又协同的格局，以实现物流的高效化、合理化、系统化。

（4）电子商务将促进物流基础设施的改善和物流技术的提高

第一，电子商务将促进物流基础设施的改善。电子商务的高效率和全球性等特点，必然要求交通运输网络、互联网、移动通信网络等基础设施为物流的信息化、高效化、合理化提供最基本的保障，促进物流基础设施建设。

第二，电子商务将促进物流技术的提高。电子商务的飞速发展，必然要求物流的高效化。而物流技术水平是实现高效物流的重要因素。因而，要建立一个适应电子商务运作的高效率的物流系统，要加快和加强物流技术的推广和应用。

第三，电子商务将促进物流管理水平的提高。电子商务的发展不仅使流动中的货物能被全程掌控和及时调动，而且可以高效地管理库房的出入库、上下架及盘点等工作，提高收发货效率，推动物流配送的信息化发展，并将从整体上极大地提升物流管理水平。

（5）电子商务对物流提出更高要求

第一，在实行供应链管理方面，在企业实施电子商务后，要求企业内部的采购、制造、分销等部门之间，以及外部的原材料和零配件供应商、制造商、销售商和用户之间的物流运作必须改变过去那种各自为政的局面，采取有效措施降低物流成本，提高企业的劳动生产率，实行供应链管理。只有供应链中各成员之间紧密合作，才能提高物流效率，进而提高组织的运作效率和效益。

第二，在物流时效性方面，随着网上购物的发展，为了进一步改善网络购物体验，激发消费者的购物欲望，提升网络购物的品质，必然对物流的时效性提出了更高要求。

🔁 行业小知识

淘宝网提出的限时物流，就是对物流的时效性进行约束的一种新型物流方式——淘宝网已提供次日达、次晨达和当日达3种限时物流方式。如果延时或者超时，淘宝网将对快递公司做出罚款等相应处罚。最多3天时间，消费者就可以拿到在淘宝网上买到的宝贝，甚至当日下午就能拿到商品，极大缩短了购物期待时间。

第三，在企业库存方面，电子商务环境中的企业通过网络接收订单，并按照订单要求组织生产，以降低成本，提高企业劳动生产效率。这要求企业改变必须保证一定的库存，同时运用承担库存风险的传统经营方式，特别是其物流运作必须符合零库存生产需要并实现零库存生产。

第四，在物流企业的信誉方面，电子商务在兴起过程中，网络交易中的欺诈行为层出不穷，商业诚信的重要性日益凸显，这就对物流企业的信誉提出了更高的要求。在电子商务时代，物流链的行业特性要求企业应与供应商、分销商、服务商等链条中的各环节通过价值增值形成利益共同体，因此，物流企业自身的信誉不仅关系到企业的兴衰，更关系到整个行业的发展速度和水平。

第五，在物流人才方面，电子商务发展需要建立高效、畅通、合理、适应的物流系统，这要求物流管理人员不仅要具有较高的物流管理水平，而且要具有较专业的电子商务技术知识，并在实际运作过程中，能有效地将二者有机地结合在一起。

4. 物流对电子商务发展的重要作用

(1) 物流是实施电子商务的重要保证

一方面，无论是基于传统贸易方式，还是在电子商务环境下，原材料采购、生产的各工艺流程、可重复物资回收等整个生产过程中的环节都离不开物流活动，物流是生产顺利进行的保障；另一方面，无论是在实体市场，还是在电子市场，商品所有权在购销合同签订的那一刻起，便要按照买方的需求将商品实体由卖方以适当的方式、途径向买方转移，只有通过物流活动，商品真正转移到消费者手中，商务活动才算结束。

（2）物流对电子商务的发展起促进作用

一方面，物流的发展有利于扩大电子商务的市场范围，更好地服务顾客，实现电子商务的目标；另一方面，物流技术的研究和应用也有利于实现电子商务的供应链集成，促进电子商务技术的发展，提高电子商务的效率与效益。

5. 电子商务与现代物流融合

电子商务与现代物流之间是相互促进的关系。电子商务是传统商务的延伸，是 20 世纪信息化、网络化的产物。电子商务离不开现代物流，和传统商务一样，电子商务中的任何一笔交易，都包含着几种基本的"流"，即信息流、商流、资金流和物流。电子商务的整个运作过程也是信息流、商流、资金流和物流的流动过程，与传统商务相比，其优势体现在信息资源的充分共享和运作方式的高效率上。通过互联网进行商业交易，最终的资源配置需要通过商品实体的转移来实现。因此，只有现代物流和信息技术发展到一定阶段，电子商务才具备发展的基础，能将商品或服务快速高效地转移到消费者手中。随着电子商务的进一步发展，物流对电子商务活动的影响日益明显。

第一，物流是实施电子商务的根本保证，电子商务通过快捷、高效的信息处理手段可以比较容易地解决信息流（信息交换）、商流（所有权转移）和资金流（支付）的问题，将商品及时地配送到用户手中，即完成商品的空间转移（物流），才标志着电子商务过程的结束，因此，物流系统效率的高低是电子商务成功与否的关键。

第二，电子商务必将促进物流技术的发展。电子商务是一种新型的基于互联网技术的企业与企业、企业与用户间的商业活动形式，实现了在全世界范围内基于互联网技术以电子方式进行物品与服务的交换。随着计算机技术的不断普及、网络技术的不断完善，电子商务势必取得长足的发展，物流技术也将随之不断创新，最终实现真正意义上的"物畅其流"。

(二) 电子商务物流管理

电子商务物流管理是指对电子商务物流活动中的可利用资源进行计划、组织、指挥、协调、控制等，使各项物流活动实现最佳协调和配合，以降低物流成本，提高物流效率和经济效益。电子商务物流管理是基于管理学的基本原理和方法，根据物质资料实体流动的规律，研究并应用电子商务活动规律对物流的全过程、全环节的管理。

1. 电子商务物流管理目标

企业通过实施有效的电子商务物流管理，可以降低物流管理成本，实现物流管理的规模效益和协作效应。

(1)降低物流管理的成本

物流成本是指从原材料供应开始，到将商品送达消费者的过程中所发生的全部物流费用。狭义的物流成本指产品在包装、装卸、运输、储存、流通加工等各类物流活动中所支出的人力、财力和物力之和。

对于企业而言，要降低物流管理的成本，应对物流的各个环节进行必要的成本及效益分析，以减少各种原材料及生产资料的消耗量。对于在物流过程中的一些不能产生附加价值的无用工作，如放置物品、寻找工具等，可通过工序分析或流程再造使之最小化，同时，相应地增加推进工序前进、创造商品价值和使用价值的有用工作的比重，从而减少浪费、降低成本。例如，在实际的物流作业中，两次搬运、倒换等均属于不能产生价值的无用工作，企业若能通过工序或流程再造，使之在生产中所占的比重降低，就能有效节省运营成本，对企业利润的增长也将起到良好的推进作用。

(2)实现物流管理的规模效益

所谓规模效益，具体体现在物流管理中，是指通过对各个物流环节的运筹安排，以及对企业各部门所需使用的原材料及生产资料等，通过订货、销售来集中调配，使集装的规模扩大，从而使因扩大规模而产生的生产、经销商品的单位成本降低。

物流作为企业经营过程中涉及环节众多的一个必需的流程，是企业最容易实现规模效益的领域之一。企业通过组建物流总部来对物流活动进行统一的计划、组织和实施，不仅能有效地节省物流成本，而且能提高物流效益，达到规模经营的效果。例如，企业通过对物流活动相关环节的计划与运筹安排，巧妙合理地将企业所需的物品与企业产品的订货信息进行分析和汇总，实现采购与销售的规模化与稳定化，这样就能够获得订货或销售的规模效益。

(3)实现物流管理的协作效应

由于物流活动涉及很多方面，对于企业而言，如何对资源进行优化配置，将有限的资源放置到具有核心优势的项目上去，是企业经营者必须考虑的问题。物流管理中的协作效应一般是指企业将部分不涉及企业核心优势或竞争力的物流服务业务外包给提供该业务且具有服务优势的第三方物流企业来执行，通过资源共享的方式实现企业和第三方物流企业之间合作并达到"1+1>2"的增值效应。

实现物流管理协作效应的重点在于各个物流运作部门和相关企业具有符合企业物流要求的核心竞争力和优势。为了实现协作效应，企业必须对其所建立的物流服务网络的资源进行统一规划，强调互利合作，将各个部门间或相关企业间的服务链融入长期性的合作因素，将更多有关合作的信息在运作部门或相关企业间公开，通过实时的信息传递与交换，在各个运作部门或相关企业间建立互动合作平台，确保企业的物流业务能够及时有效地完成，从而实现"多赢"的协作效应。

2. 电子商务物流管理的内容

电子商务物流管理是指在电子商务背景下，根据物质资料实体流动的规律，应用管理的基本原理和科学方法，对电子商务物流活动进行计划、组织、指挥、控制和决策，使各项物流活动实现最佳的协调和配合，以降低物流成本，提高物流效率和经济效益。

电子商务物流管理的基本环节包括运输、存储、包装、装卸搬运、流通加工、配送等，它们相互联系，构成了电子商务物流系统。在电子商务物流管理中，包装是电子商务物流的起点，商品经过包装以后进入电子商务物流系统；运输是电子商务物流的动脉，负责将商品从卖方送至买方，是电子商务物流系统中的核心环节；存储是电子商务物流的中心，商品将在存储环节进行集中和转运；配送是电子商务物流的最后一个环节，商品将通过配送最终到达买方手中，即电子商务的后勤保障环节。以上各个环节将通过装卸搬运实现相互衔接，而物流信息则贯穿电子商务物流管理全过程，是电子商务物流系统的中枢神经。此外，物流模式、供应链管理等，是本书的扩展内容。本书所涉及的电子商务物流管理中各部分的关系如图5-1所示。

3. 电子商务物流管理的特点

电子商务物流具有信息化、自动化、网络化、智能化、柔性化等鲜明的属性，与传统物流管理相比，电子商务物流管理表现出复杂化、整合与系统化、智能化等特点。

(1) 物流管理的复杂化

一是管理覆盖的领域多，涉及商务、物流、信息、技术等领域；二是从管理的范围看，不仅涉及人、财、物、时间、信息等要素，而且也涉及众多参与企业以及物流网络的各环节等；三是从管理的方式方法看，需要融合传统的管理方法并借助信息、网络技术进行过程管理、虚拟管理、在线管理等；四是电子商务物流体现了新经济的特征，以物流信息和网络为出发点和立足点的管理活动是对传统管理的挑战和更新，在管理手段、制度和

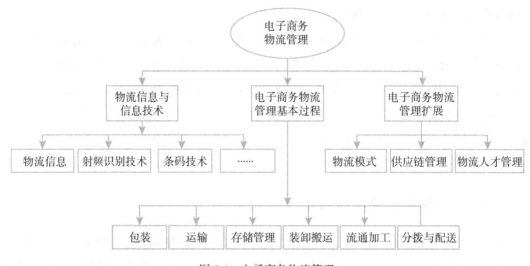

图 5-1   电子商务物流管理

方法等多方面仍处于探索阶段。

（2）物流管理的整合与系统化

电子商务物流管理需要将物流的不同要素、物流过程中的不同环节放在一个大系统中进行考虑，从整体的角度来安排物流运作，通过分享信息和共同计划达到降低物流成本、提高物流效率的目的，并通过统筹协调、合理规划控制商品流动，使渠道中一个个松散的独立企业，变为致力于提高效率和增加竞争力的群体合作。

（3）物流管理的智能化

电子商务物流的发展与信息技术密切相关，以电子商务技术应用为代表的信息革命，为物流管理提供了非常丰富的技术手段和解决方案。为了提高物流效率、降低物流成本，必须借助先进的科学技术与管理方法，实现物流的灵活、快速反应，包括决策、作业等环节的自动化，物流过程的协调与控制等。

4. 电子商务物流管理的原则

依据我国物流管理的实际情况、物流的整体观念，在电子商务物流管理中要遵循系统效益原则、标准化原则和服务原则。

（1）系统效益原则

电子商务物流管理要从整体和系统的角度出发，并在管理过程中要同时兼顾物流活动本身的效益最大化和与物流相关系统的效益最大化，要妥善处理好当前发展与长远发展、经济效益、社会效益和生态效益的关系。

（2）标准化原则

电子商务物流管理的系统化要求在物流系统内部制定包装、仓储、装卸、运输等各环节作业标准，内部设施、机械装备、专用工具等设备的技术标准，以及物流运作流程标准、服务质量标准、物流信息标准等标准化体系，以确保我国物流业的稳步发展和与国际物流接轨。

（3）服务原则

企业为了满足客户（包括内部和外部客户）的需求，开展一系列物流活动，其本质是服务。因此，一方面，在电子商务物流管理的全过程中必须牢固树立服务理念，在制定服务策略时要从客户需求、产品特性等方面出发，以客户为中心设计物流的流程、组织和技术系统并对其进行计划、控制、指挥和协调；另一方面，在物流作业过程中要严格执行服务标准，不断提高物流服务水平，确保实现企业的经济效益和社会效益目标。

6. 电子商务物流管理的职能

和其他管理活动一样，电子商务物流管理活动也具有计划、组织、协调、控制、领导与激励、决策等管理职能。

（1）计划职能

计划职能是物流管理活动的首要职能，指根据内外部的实际情况，权衡客观需要和主观可能，对未来一定时期内的活动进行规划和安排，包括编制和执行年度和月度经营计划、月度作业计划等。

（2）组织职能

组织是指为了实现既定的目标，将生产经营活动中的各个要素、各个环节，从时间上、空间上科学地组织起来，使每个成员都能接受领导、协调行动，从而产生新的、大于个人和小集体功能简单加总的整体职能。它包括必要的机构设置、劳动分工、定额定员以及对电子商务物流中的各项职能进行合理分工，对各个环节的职能进行专业化协调等。

（3）协调职能

协调就是指正确处理企业内外的各种关系，为企业正常运转创造良好的条件，使企业的一切工作都能和谐有序地进行，促进企业发展。这对电子商务物流尤其重要，它包括物流作业活动内部的协调，以及物流与商流、资金流、信息流之间的协调。

（4）控制职能

控制是为确保既定目标的顺利完成，对组织的各种活动实施检查、监督、纠偏等管理行为。控制是电子商务物流过程的基本保证，具体包括对物流活动中各要素、各环节的情况进行检查、监督、及时矫正等。

（5）领导与激励职能

领导是指为实现组织预定目标，领导者运用其权力和自身影响力影响被领导者的行为，并将其导向组织目标的过程；激励是借助信息沟通与一定的规范，并基于适当的环境来激发、引导、保持和规范组织或个人行为，以有效实现既定目标。电子商务物流企业需要对职工进行指导、训练和激励，有效解决上下级之间的各种矛盾，设计合理的职工报酬与福利、绩效考核与评估、激励与约束机制等，以调动员工的工作积极性。

（6）决策职能

决策是指为了达到一定的目标，从两个以上的可行方案中选择一个合理方案的分析判断过程，具体包括电子商务物流过程中适宜的运输方式决策、订购量和订购时间决策、库存设置点决策等。

（三）第三方物流公司

当下，我国的中小电子商务企业大多选择第三方物流配送作为自己的物流管理模式。目前国内提供小件物流服务的知名企业有邮政速递、顺丰和"三通一达"（圆通、中通、申通、韵达）、宅急送、极兔等；提供大件物流的企业有德邦、优速和中邮。

🔁 行业小知识

> 快递价格并不是一成不变的，而是会根据市场发展需求进行变动。商家可调研自己所在地的各个快递公司的网点，与负责该区域的快递员沟通价格，也可以对比多家物流公司之后再做决定。如果合作愉快，商家还可以适当地与快递公司进行沟通，尽量争取优惠价格，以降低成本。一般情况下，快递价格和发货量成反比关系，发货量越大，能够获得快递公司的报价会越低。

邮政速递是目前我国网点覆盖最全的快递公司，邮政速递旗下有国内特快专递、国内经济快递、国内代收货款、国内收件人付费等业务。其中，国内特快专递是邮政速递的精品业务，运营规范、快递网点多，具有速度较快、运送安全、支持送货上门、可跟踪物流信息等特点。

"三通一达"采用直营网点和加盟网点共存的形式，因此，各地区的服务水准和派送速度有所差别。但随着市场发展以及服务的逐渐规范，服务质量显著提升。

顺丰快递直营快递公司，定位中高端，管理非常完善，网点密集，员工训练有素，多班派送更准点、更安全，快递丢失极少。

了解物流公司的种类后，商家需要选择一家适合自己的物流公司，以便于长期合作。电子商务的快速发展带动了物流行业的发展，物流服务的范围越来越广，一家合适的物流公司可以让货物运输的安全性和送货时间得到保障，提升消费者对商家的信任。但加入物流行业的企业越来越多，难免出现服务质量良莠不齐的情况。因此，商家需要慎重地选择物流公司，其中，物流安全、物流价格、发货速度和服务质量等因素都需要优先考虑。

行业小知识

包裹保价是物流企业推出的一项增值服务，若快递丢失、损坏，担保人将得到保价范围内的赔偿。若没有保价，那么赔偿的额度就会较低，往往只有几倍的物流费用，因此建议对贵重物品进行保价。

(四) 电子商务物流事件的处理

在快递运输的过程中，如果出现货物丢失、货物破损、货物滞留等情况，很容易引起消费者的不满，从而使商家获得负面评价甚至被投诉，因此，商家必须及时了解货物的物流情况，与物流公司保持联系，并在出现意外事件时快速解决，以赢得消费者的好感，减少差评。

1. 货物丢失

货物丢失属于物流运输过程中比较严重的问题。出现货物丢失的情况时，商家一定要与物流公司进行沟通，及时对丢失货物的详细情况进行了解。一般来说，货物丢失分为人为和非人为两种情况：如果是人为原因造成的货物丢失，则需追究相关人员的责任。为了防止这种情况的发生，商家在进行商品包装时，特别是包装电子商品等贵重商品时，一定要做好防拆措施，并提醒消费者先验收再签字，将风险降至最低。如果是非人为原因造成的货物丢失，那么可以要求物流公司对商品的物流信息进行详细排查，检查是否遗漏在了某个网点，如果确实找不到了，可以追究物流公司的责任。

不管是何种原因造成的货物丢失，都可能延长消费者收到货物的时间，为了避免纠纷，在货物出现丢失情况时，商家应该及时告知消费者，并与之协商处理办法。

2. 货物破损

货物破损非常影响消费者对商家的好感度，商品包装不当、物流运输不当等都可能导致货物破损情况的发生。因此，商家在包装商品时一定要仔细严谨，选择合适的包装材料，保证货物在运输过程中的安全。如果是运输不当造成的问题，则要追究物流公司的责任。此外，如果是易碎易损坏的商品，商家应告知快递员小心寄送，并在包装上做出标识。

3. 货物滞留

货物滞留是指货物长时间停留在某个地方，迟迟未进行派送。货物滞留的原因分为人为和非人为两种情况，其中人为滞留多由派送遗漏、派送延误等引起，非人为滞留则多由恶劣天气等客观原因造成。如果是人为原因造成的货物滞留，商家须联系物流公司了解滞留原因，催促物流公司及时进行派送。如果是非人为原因造成的货物滞留，商家则应该及时与消费者进行联系，告知货物滞留原因，取得消费者的理解。

(五) 电子商务仓储与物流管理

仓储管理即对仓库和仓库中储存的物资进行管理，是电子商务运营管理中非常重要的环节，商家也应该对仓储管理有基本的了解，电子商务的仓储与物流管理的主要工作如图5-2所示。

1. 商品入库

商品入库是店铺日常运营工作的一部分，一般包括商品检查、货号编写和入库登记三个步骤。

第一，商品检查。商品检查是指对入库的商品进行检查，商家一般需检查商品品名、等级、规格、数量、单价、合价、有效期等信息。通过商品检查，商家可以掌握入库商品的基本信息，筛选出不合格的商品。

第二，货号编写。当商品种类和数量较多时，商家可以采取编写货号的方式对商品进行区分。在编写货号时，商家可以采用商品属性或名称+编号、商品属性或名称缩写+编号等方式。

第三，入库登记。入库登记是指商家将商品按照不同的属性、材质、颜色、型号、规格、功能等，分别放置到不同的货架中，同时编写入库登记表格，对商品入库信息进行

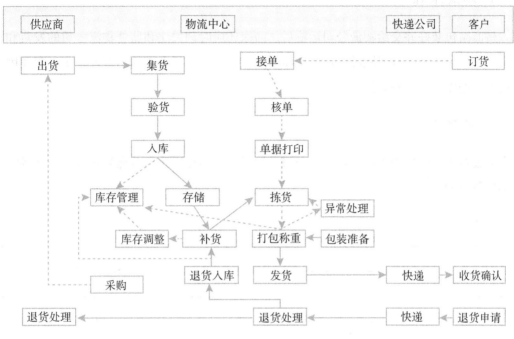

图 5-2　电子商务仓储与物流管理

记录。

2. 商品包装

好的商品包装不仅方便物流运输，还可以在物流运输过程中对商品进行有效的保护。商品包装一般需要根据实际情况而定，不同类型的商品，其包装要求也不同。当然，商家也可以对商品包装进行美化，以提高物流质量，提升消费者的好感度。

商品包装是商品的一部分，反映出商品的综合品质，一般分为内包装、中层包装和外包装三种，内包装即直接包装商品的包装材料，主要有 App 自封袋、PE 自封袋以及热收缩膜等；中层包装通常指商品与外包装盒之间的填充材料，主要用于保护商品，防止商品在运输过程中损坏；外包装即商品最外层的包装，通常包括包装袋、包装盒、包装箱、包装纸等。

3. 商品出库

商品出库是指仓库根据商品出库凭证，按所列商品编号、名称、规格、型号、数量等信息，准确、及时、保质保量地将商品发给收货方的一系列工作。对于商家而言，商品出库主要包括提取商品并选择物流公司、联系快递员取货和填写并打印物流信息等步骤。

4. 物流跟踪

将商品包装好并交给物流公司运输后，商家还应时刻关注和监督物流公司的发货和运输信息，对物流情况进行跟踪，保证商品可以在最短的时间内送达消费者手中，避免因物流速度过慢而引起消费者的不满。

📖 **学有所思**

通过对电子商务物流相关内容的学习，请想一想你在网购时曾遇到哪些物流问题？又是如何解决的？

_____

_____

_____

_____

☑ **自学测试**

1. 选择题

(1)物流的基本功能包括运输、储存、(　　　)、搬运与装卸、流通加工、配送、信息处理等。

    A. 网上咨询　　　　　　　　B. 包装

    C. 合同签订　　　　　　　　D. 货到付款

(2)企业出售产品时，物品在供方与需方之间的实体流动，称为(　　　)。

    A. 供应物流　　　　　　　　B. 生产物流

    C. 回收物流　　　　　　　　D. 销售物流

(3)狭义的电子商务是指基于(　　　)进行商务活动。

    A. 计算机　　　　　　　　　B. Internet

    C. 现代技术　　　　　　　　D. 计算机和网络

(4)将物流分为正向物流和逆向物流是属于(　　　)分类。

    A. 物流在供应链中的作用　　B. 物流的社会化角度

    C. 货物的流向　　　　　　　D. 物流的内容

(5)电子商务物流的特点是信息化、网络化、智能化、柔性化、整合和集成化及(　　　)。

A. 自动化 　　　　　　　　　B. 机械化

C. 规范化 　　　　　　　　　D. 移动化

(6)电子商务物流管理具有计划、组织、协调、（　　　）、领导与激励和决策等管理职能。

A. 控制 　　　　　　　　　　B. 管理

C. 规划 　　　　　　　　　　D. 执行

2. 判断题

(1)电子商务与移动电子商务都是基于网络完成商务活动的，二者没有区别。（　　　）

(2)电子商务物流拓展了物流的时间和空间，但对物流的高效化影响不大。（　　　）

(3)物流是保障企业生产经营连续性的前提条件。（　　　）

(4)物流冰山理论是管理学家彼得·德鲁克提出的。（　　　）

(5)效益背反是指在物流领域中，一个环节费用的降低可能意味着另一个环节费用的上升。（　　　）

(6)电子市场物流就是电子商务物流。（　　　）

3. 名词解释

物流(Logistics)：

电子商务(E-Commerce)：

电子商务物流(E-Commerce Logistics)：

物流企业 (Logistics Enterprise)：

电子商务物流管理(E-Commerce Logistics Management)：

4. 简答题

(1)常见的物流分类方法有哪些?

(2)请简述电子商务与物流的关系。

(3)请简述电子商务物流管理的含义。

5. 思考题

(1)电子商务物流对经济发展的主要影响有哪些?

(2)传统物流企业应该如何向电子商务物流企业转变?

(3)请简述典型的物流管理模式，并分别说明各个模式的优缺点。

(4)国内主流的第三方物流公司有哪些? 商家应怎样选择物流公司?

(5)货物丢失时，商家应如何处理?

项目实训

项目背景

小莉发现互联网思维影响并改变着各行各业，快递行业也不例外。例如，快收将有闲置时间的兼职人员作为"快递员"，经过公司专门的培训认证，利用业余时间为客户提供同城限时速递服务。"共享经济、顺路经济"这一概念在人人快递、闪送、快收等定位于同城快递业务的企业的带动下逐渐兴起，同时，这些新兴的企业用众包模式改变着传统快递行业。

小莉希望深入地研究物流众包模式，她该怎么做呢？

任务一　物流众包模式分析

任务描述

第一步，小莉准备和同学一起通过市场调研分析，完成《物流众包模式分析报告》的撰写。

本任务要求两位同学一组，时间为 2 课时；《物流众包模式分析报告》的字数在 3000 字以上，格式规范，图文并茂，条理清晰，分析到位。

操作指南：

收集市场上的众包物流平台的信息，了解它们的业务模式和服务特色，比较相对于传统快递，众包物流具备哪些优势和劣势，适合哪些电商企业，然后根据分析结果，撰写《物流众包模式分析报告》。

物流众包模式分析报告
(一)市场分析
1. 市场规模
2. 市场发展趋势
3. 主要模式与主要企业

（二）典型企业分析

1. 企业一

2. 企业二

3. 企业三

（三）众包模式的物流发展趋势预测

1. 模式预测

2. 监管预测

3. 市场预测

任务二　电子邮箱设置

任务描述

第二步，小莉希望通过电子邮件将撰写的《物流众包模式分析报告》发送给老师，她需要学会电子邮箱的设置与邮件发送。

操作指南：

下载 FOXMAIL 客户端，并配置 163 邮箱系统参数，然后发送一封电子邮件给老师，同时抄送一份给自己。

要求：

1. 下载 FOXMAIL 客户端并安装；

2. 申请 163 邮箱账号；

3. 电子邮件显示发件人真实姓名；

4. 邮件主题规范：×××班+（学生姓名）+（学号）+《物流众包模式分析报告》；

5. 要求选择个性化的邮件背景模板；

6. 要求收件人接件回执。

项目总结

通过对本章的学习，我的总结如下：

一、主要知识

1.

2.

3.

4.

二、主要技能

1.

2.

3.

4.

三、成果检验

1. 完成任务的意义：

2. 学到的知识和技能：

3. 自学的知识和技能：

4. 对电子商务物流发展的判断：

项目六　电子商务客户关系管理

项目介绍

本项目围绕电子商务客户关系管理的相关内容展开论述，分三部分介绍了客户关系管理的知识，包括客户关系管理的概念、内涵与主要问题，以及电子商务客户关系管理的应用，如电子商务客户信息管理、电子商务客户满意与忠诚管理、电子商务客户服务管理等，并基于此讲解了客户关系管理系统及应用等内容。

本项目的实训围绕网店客户差评评价调研及统计，基于客户不满意的原因展开分析研究，探索规避差评解决办法，通过项目实训，旨在加深学习者对电子商务客户关系管理的理解，并能学以致用。

学习目标

(1)掌握客户关系管理的概念和内涵；

(2)了解客户关系管理系统的组成；

(3)掌握电子商务客户关系管理的内容与企业应用；

(4)能够运用客户关系管理的管理理念和技术解决企业管理问题；

(5)能够分析企业客户关系管理的应用情况；

(6)能为企业的客户关系管理提出合理化建议；

(7)掌握网店中差评的统计、分析方法；

(8)掌握优化店铺评价的处理方法。

知识结构

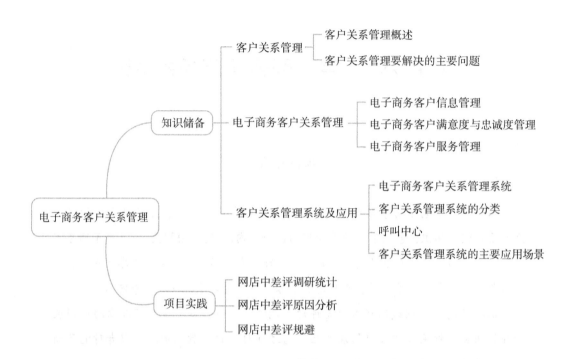

学习计划

小节内容		客户关系管理	电子商务客户关系管理	客户关系管理系统与应用
课前预习	预习时间			
	预习自评	难易程度　□易　　□适中　　□难 问题总结：		
课后巩固	复习时间			
	复习自评	难易程度　□易　　□适中　　□难 问题总结：		

知识储备

模块一　客户关系管理

案例引入

　　于先生因公务经常到泰国出差，并下榻泰国东方饭店。在第一次入住时，饭店良好的环境和服务就给他留下了深刻的印象，在第二次入住时，几个细节更使他对饭店的好感迅速提升。

　　在第二次入住的某天早上，当他走出房门准备去餐厅的时候，楼层服务生恭敬地问道："于先生是要用早餐吗？"他很奇怪，反问道："你怎么知道我姓于？"服务生说："我们饭店规定，晚上要背熟所有客人的姓名。"这令于先生大吃一惊，因为他频繁往返于世界各地，入住过无数高级酒店，但这种情况还是第一次碰到。

　　于先生高兴地乘电梯到餐厅所在的楼层，刚刚走出电梯门，餐厅的服务生就说："于先生，里面请！"他更加疑惑，因为服务生并没有看到他的房卡，就问："你知道我姓于？"服务生回答："上面刚刚打电话下来，说您已经下楼了。"这让于先生再次大吃一惊。

　　于先生走进餐厅，服务生微笑着问："于先生还要老位置吗？"于先生的惊讶再次升级，心想："尽管我不是第一次在这里吃饭，但距离上一次也过了一年多了，难道这里的服务生记忆力这么好？"看到于先生惊讶的表情，服务生主动解释说："我刚刚查过计算机记录，您于去年的 6 月 8 日在靠近第二个窗口的座位上用过早餐。"于先生听后兴奋地说："老位置！老位置！"服务生接着问："老菜单？一个三明治，一杯咖啡，一个鸡蛋？"现在于先生已经不再惊讶："老菜单，就要老菜单！"

　　餐厅赠送了一碟小菜，这种小菜，于先生第一次见，他问服务生："这是什么？"服务生后退两步说："这是我们特有的小菜。"服务生为什么要后退两步呢？他是怕自己说话时喷出的口水不小心落在客人的食物上，这种细致的服务在其他饭店很少见，这一次用早餐的经历给于先生留下了终生难忘的印象。

后来，由于业务调整，于先生有3年的时间没有再到泰国，在于先生生日这天，他突然收到了一封来自泰国东方饭店的信，里面有一张生日贺卡，还附了一封短信：

"亲爱的于先生，您已经有3年没有来过我们这里了，我们全体人员都非常想念您，希望能再次见到您！今天是您的生日，祝您生日愉快！"

于先生当时激动得热泪盈眶，心想如果再去泰国，绝对不会去其他饭店，一定要住泰国东方饭店，而且要说服所有去泰国的朋友也住泰国东方饭店。就这样，几个细节、一封信赢得了一颗心，这就是客户关系管理的魅力。

>>>想一想：案例中东方饭店的服务为什么能打动人心？

_____

_____

_____

随着市场经济的进一步发展，物质产品的日益丰富，市场形态已经明显转向买方市场，企业间的竞争愈加激烈，竞争手段愈加多元化，但有一个共同的趋势是：企业对客户的研究更加深入，更注意从客户的需求出发，以期与客户形成持久的、良好的关系。

(一) 客户关系管理概述

在电子商务时代，信息技术革命极大地改变了企业的商业模式，对企业与客户之间的互动产生了巨大的影响，客户可以极其方便地获取信息，并且更多地参与商业活动。这表明我们已经进入了客户导向时代，要深入了解客户需求，及时将客户的反馈融入产品设计和服务中，为客户提供更加个性化的深度服务。在这种背景下，现代企业的客户关系管理应运而生。

1. 客户关系管理的概念

客户关系管理(Customer Relationship Management，CRM)是一个不断加强与顾客交流，不断了解顾客需求，并不断对产品及服务进行改进和提高以满足顾客需求的连续的过程。客户关系管理注重与客户的交流，企业的经营是以客户为中心，而不是传统模式那样以产品或以市场为中心。客户关系管理是企业为了提高核心竞争力，以客户为中心，利用相应的信息技术与互联网技术改进客户服务水平，提高客户满意度与忠诚度，进而提高企业盈利能力的管理过程。

客户关系管理的核心思想是：客户是企业的一项重要资产，客户关怀是客户关系管理的实施重点，客户关怀的目的是与所选客户建立长期、有效的业务关系，只有在与客户的每一个"接触点"上都更加接近客户、了解客户，才能最大限度地增加利润和利润占有率。

2. 客户关系管理的内涵

根据客户关系管理的概念，可以从以下三个层面来理解。

(1) 客户关系管理是一种管理理念

客户关系管理是一种管理理念，也是以客户为中心，将客户视为最重要的企业资产(客户资产)并以此来构建的一个信息畅通、行动协调、反应灵活的客户沟通系统。

客户关系管理吸收了"数据库营销""关系营销""一对一营销"等最新管理思想的精华，通过满足客户的特殊需求，特别是满足最有价值客户的特殊需求，提供个性化的产品和服务，来与其建立和保持长期、稳定的关系，并不断提高企业对于客户的价值，从而使企业在同客户的长期交往中获得更多的利润，实现双赢。

知识拓展

数据库营销是以与客户建立一对一的互动沟通关系为目标，依赖庞大的客户信息库开展长期促销活动的一种全新的销售手段。

关系营销是把营销活动看成一个企业与消费者、供应商、分销商、竞争者、政府机构及其他客户产生互动行为的过程，其核心是建立和发展与这些客户的良好关系。

一对一营销是先进行客户分类，然后针对每个客户创建个性化的营销沟通，从而实施互动式、个性化沟通的业务流程。

(2) 客户关系管理是一种管理技术

客户关系管理是一套先进的管理模式，要取得成功，必须有强大的技术和工具支持，客户关系管理系统是实施客户关系管理必不可少的支持平台。它基于网络、通信、计算机等信息技术，能实现企业前台、后台不同职能部门的无缝连接，协助管理者更好地完成企业的客户管理工作。

(3) 客户关系管理是一种企业商务战略

客户关系管理的目的是使企业根据客户特征进行分类管理，强化使客户满意的行为，加强与客户、供应商之间的连接，从而优化企业的盈利性，改善客户满意度。

企业在引入客户关系管理的理念和技术时，不可避免地要对企业原来的管理方式进行变革。业务流程重组为企业的管理创新提供了具体的思路和工具——通过对营销、销售、服务与技术支持等与客户相关业务流程的全面优化，企业可以从管理模式和经营机制的角度来管理资源配置、降低成本、增加市场份额。

📋 **课程思政**

> 企业对客户关系的利用不能没有底线。一些企业只顾私利，利用客户的信任，开展虚假的客户优惠活动，这种做法不仅侵害了消费者权益，也违背了公平交易和诚实信用的原则。企业应该严格依照法律法规，履行经营者的法定义务，自觉促进定价策略的公平化。
>
> >>>想一想：定价策略如何体现公平化？
>
> _____
>
> _____
>
> _____

(二) 客户关系管理要解决的主要问题

随着工业经济社会向知识经济社会的过渡，经济全球化和服务一体化成为时代的潮流。客户对产品和服务满意与否，已成为企业发展的决定性因素。通过客户关系管理，企业可以不断完善客户服务、提高客户满意度，从而留住更多客户，吸引新客户，增加利润。

1. 完善客户服务

客户关系管理的核心理念是以客户为中心，通过改进客户服务水平，提高企业核心竞争力。市场是由需求构成的，满足客户的需求是企业开展商务活动的本质，需求的满足状态制约着企业的盈利水平。

很多公司逐步认识到，在售后服务方面做得好的公司，其市场销售水平就处于上升的趋势；反之，那些不注重售后服务的公司，其市场销售水平则处于下降的趋势。客户服务正由售后客户关怀转变为使客户从购买前、购买中到购买后的全过程中获得良好体验——购买前向客户提供产品信息和服务建议；购买期间向客户提供企业产品质量的有关标准与证明文件，并关注客户与企业接触时的体验；购买后则集中精力高效跟进以及完成产品的维护和修理。这种售前的沟通、售中的关怀和售后的跟进，可有效提升客户满意度。

2. 提高客户满意度

在客户关系管理中，对客户开展全面关怀的最终目的是提高客户满意度。它能够很好地促进企业和客户之间的交流，协调客户服务资源，对客户做出最及时的反应。此外，对客户的相关信息进行管理和挖掘，不仅有助于现有产品的销售，而且能够满足客户的特定需求，真正做到"以客户为中心"，从而赢得客户的忠诚。

3. 挖掘关键客户

挖掘对企业来说最有价值的客户，并利用企业有限的资源和能力去服务最有价值的客户是客户关系管理的主要目标之一。高德纳咨询公司认为客户关系管理就是通过对客户的详细资料进行深入分析，来提高客户满意度，特别应注重开发具有潜力的客户，这是提高企业竞争力的有效手段。

📖 学有所思

通过对客户关系管理相关内容的学习，请想一想在你过往的消费活动中，线上或线下哪家店铺的服务做得最好，为什么？

_____

_____

_____

_____

_____

模块二　电子商务客户关系管理

电子商务的迅速发展给企业的客户关系管理带来了新的机遇与挑战。不同于传统的客户关系管理，电子商务客户关系管理主要借助网络环境下信息获取和交流的便利性，对客户信息进行收集和整理，并充分利用数据仓库和数据挖掘等先进的智能化信息处理技术，将大量客户资料加工成信息或知识，用以提高客户满意度和忠诚度。

(一) 电子商务客户信息管理

客户信息管理是客户关系管理的一个重要组成部分。客户信息管理的内容主要包括客户基本资料、档案管理，客户消费信息管理、客户信用度管理、客户黑名单管理、客户流失信息管理、客户分类信息管理、大客户账户信息管理及潜在大客户管理等内容。电子商务客户信息管理的过程主要包括收集电子商务客户信息，建立客户资料数据库，整理、分析客户信息等。

客户需求的收集、识别、处理的速度极大地影响着客户满意度，要提高客户的满意度就要对客户收集、识别和处理的流程进行规范，提升客户服务的响应速度。

定义客户信息的重要程度和类别，能方便相关部门根据信息重要程度进行处理。大多数企业会按非常重要或非常紧急、重要或紧急、一般三种重要级别进行分类，并明确每种级别的定量或定性判定标准。按客户信息发生源可分为质量信息、技术信息、服务信息等类型。

(二) 电子商务客户满意度与忠诚度管理

根据"二八"理论，20%的客户创造了80%的利润。忠诚客户是企业利润的主要来源，是企业的重要"客户资产"。维护忠诚客户是实施客户关系管理的核心内容。一般认为，客户忠诚是由客户满意驱动的，客户满意是客户价值理论的重要组成部分，如图6-1所示。

图 6-1 客户价值理论

"二八定律"也称作巴莱多定律，是 19 世纪末 20 世纪初意大利经济学家巴莱多发现的。他认为，在任何一组东西中，最重要的只占其中的一小部分，约 20%，其余 80% 尽管是多数，却是次要的，因此被称为"二八定律"。

"二八定律"是"总结果的 80% 是由总消耗时间中的 20% 所形成的"。也就是说，企业在经营中要抓住关键的少数，找出那些能给企业带来 80% 利润，总量却仅占 20% 的关键客户，加强服务。

1. 电子商务客户满意管理

客户满意（Customer Satisfaction，CS）是指客户将一种产品或服务的可感知效果和其期望值相比较后，所形成的愉悦或失望的感觉状态。当产品或服务的实际感知效果达到消费者的预期时，就会使消费者满意，否则会使消费者不满意。

如果客户的感知效果大于其期望，客户高度满意，可能会重复购买。如果客户的感知效果小于其期望，客户不满意，则会产生抱怨或投诉。如果客户感知效果近似于其期望，客户基本满意或一般满意，会持观望态度。有研究表明：客户的感受通常与核心产品、服务、支持系统及表现关联度小，反而企业与客户的互动通常起到了决定性作用。

在电子商务环境下，客户满意度管理的内容、衡量指标、方法发生了一定的变化和革新，企业不仅要注重传统的客户满意度管理办法，还需要结合网络环境方便、快捷的优势，合理把握客户期望，以达成维持和提升客户满意度的目标。

2. 电子商务客户忠诚管理

客户忠诚具体表现为客户认同企业的理念，长期与企业合作，使用该公司的产品。客户忠诚是需要维护和强化的。电子商务的发展与网络技术的应用，使电子商务企业可以通过多种方式和客户进行有效、充分的沟通，及时挖掘他们潜在的需求，提升其满意度，从而培养客户对企业的忠诚。

(三)电子商务客户服务管理

企业中最重要的部门就是销售或市场部门,因为这些部门的工作是围绕客户展开的。

1. 客户细分

客户细分是指在明确的战略业务模式和特定市场中,依据客户价值、客户的需求和偏好等因素对客户进行分类,并提供有针对性的产品、服务和营销模式。客户细分过程就是对客户需求进行重新认识的过程。

根据客户对企业价值贡献的大小,企业的客户可分为 VIP 客户、大客户、普通客户和小客户四种类型。其中,大客户的数量仅占 4%,但是其重要程度仅次于 VIP 客户,如图6-2 所示。

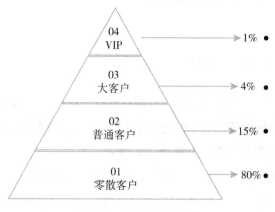

图 6-2　企业客户的分类

通过对客户进行细分,企业会发现重要客户与普通客户的需求侧重点是完全不同的。普通客户可以接受标准化的服务,而对于大客户和 VIP 客户,他们需要的则是个性化服务。为 VIP 客户提供的服务,一定要强调细节,以满足客户的需求。不同的客户能为企业提供的价值是不同的。企业的资源和能力是有限的,客户细分可帮助企业寻找到最有价值的客户,有效提高企业利润。

2. 电子商务客户关系管理的内容

电子商务环境下的客户服务管理是在传统客户服务管理的基础上,以信息技术和网络技术为平台开展的、一种新兴的客户服务管理理念与模式。电子商务客户服务管理包括售前客户服务、售中客户服务、售后客户服务和投诉处理等。

视野拓展

飞机上的乘客中一般有80%是普通客户、20%是大客户。普通客户得到的服务是标准化的，而大客户得到的服务则是个性化的。例如，头等舱乘客享有豪华的候机室、优先的登机通道，此外，空中乘务员会优先为他们服务。

(1)售前客户服务策略

售前阶段是商品信息发布和客户进行查询的阶段。在这个阶段，应主要做好以下客户服务工作。

第一，提供商品的搜索和比较服务。为了方便客户选择商品，网上商店不仅会提供搜索服务，还应该提供对比功能和相关商品的详细信息，以方便客户比较商品，做出购买决策。

第二，建立客户档案，为老客户提供深入服务。客户在网上商店注册时会填写自己的基本资料，这时网上商店应把客户资料保存在档案库中。当客户再次光顾时，也要把其浏览或购买的信息存入档案库，以此为依据，可有针对性地开发或刺激其潜在需求，才能不断开发市场。

(2)售中客户服务策略

一是提供定制产品服务。根据客户的个性化需求，及时生产产品或提供服务。这样不仅可以提高客户的满意度，还可以进一步了解客户的需求。

二是提供订单状态跟踪服务、多种安全付款方式和应时配送服务。客户下订单后，电子商务企业应该提供订单状态跟踪服务、灵活多样的付款方式，以方便客户选择；客户完成在线购物后，商务活动并未结束，此时客户最关心的问题是所购商品能否准时到货，企业应相应地提供配送服务以及准备实施配套的售后服务。

(3)售后客户服务策略

售后服务是客户服务流程中非常重要的环节，越来越多的企业开始重视售后的延续性服务。因为只有到了售后服务环节，购买者才成为真正意义上的客户。售后服务开展得好，才能保持、维系客户，培养客户的忠诚度。

企业可以通过在线技术交流、常见问题解答(FAQ)及在线续订等方式来提供持续的支持服务，帮助客户在购买后更好地使用产品或服务。此外，大多数电子商务企业都制订了较完善的退货服务制度，以增强客户在线购买的信心。

📖 学有所思

通过对电子商务客户关系管理相关内容的学习，请想一想你在网购中有过哪些不满意的经历？

_____

_____

_____

_____

_____

模块三　客户关系管理系统及应用

客户关系管理的实践可以从两个层面考虑：一是树立管理理念、创新管理模式，二是为这种新的管理模式提供信息技术的支持。客户关系管理系统是以最新的信息技术为手段，运用先进的管理思想，通过业务流程与组织的深度变革，帮助企业最终实现以客户为中心的管理模式的管理系统。

(一)电子商务客户关系管理系统

电子商务环境的不断改善要求客户关系管理系统必须将互联网信息技术置于中心地位。电子商务客户关系管理系统的核心组件是销售自动化系统、营销自动化系统、服务自动化系统和呼叫中心，如图6-3所示。

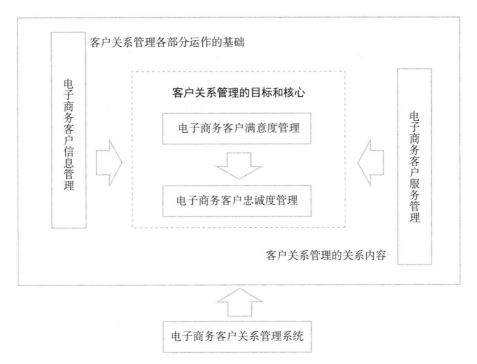

图6-3　电子商务客户关系管理系统

电子商务客户关系管理是一个系统工程，既要以客户关系管理理论为指导，又要有现代信息技术做支撑，还要结合电子商务环境的新特征才能取得良好效果。电子商务客户关系管理的研究内容主要包括电子商务客户信息管理、客户服务管理，其核心是通过客户满意度管理来提升客户忠诚度，实现客户关系管理的目标。

(二) 客户关系管理系统的分类

根据客户关系管理系统的功能和运行方式，可以把客户关系管理系统分为操作型、协作型两类。

1. 操作型客户关系管理系统

操作型客户关系管理系统主要通过业务流程的定制与实施，让企业员工在销售、营销和提供服务时，得以用标准化方式提高效率，如销售自动化(SFA)、营销自动化(MA)、客户服务支持(CSS)，以及移动办公(Mobile Sales)与现场服务(Field Service)等软件工具，都属于操作型客户关系管理系统。操作型客户关系管理系统对于那些第一次使用客户关系管理系统的企业尤为适合。

2. 协作型客户关系管理系统

协作型客户关系管理系统是一套主要通过提高客户服务请求的响应速度来提升客户满意度的管理系统。客户除了通过传统的信件、电话、传真或直接登门造访等形式与企业接触外，还可通过电子邮件、呼叫中心(Call Center)等新兴的信息手段来达到与企业进行信息交流和商品交换的目的。

(三) 呼叫中心

呼叫中心是客户关系管理系统的重要组成部分，是现代化的客户服务手段。它不仅能在外部为客户提供服务，而且能在内部协调整个企业的管理和服务。

1. 什么是呼叫中心

呼叫中心又称为客户服务中心，是一种基于计算机电话集成技术，充分利用通信网络和计算机网络的多项功能集成，与企业各部门连为一体的综合性信息服务系统。呼叫中心利用各种先进通信手段，可有效地为客户提供高质量、高效率、全方位的服务。

现代呼叫中心是指基于 Web 技术的呼叫中心，是将传统呼叫中心的功能拓展到互联网上，同时应用数据挖掘、知识管理技术与客户关系管理系统，通过对存储在客户关系管理系统中的客户数据进行分析，迅速识别出客户，为客户提供一对一的个性化服务。现代呼叫中心包括人工话务处理、自动语音处理、计算机同步处理、统计查询、知识库支持、互联网操作、录音、分析统计、定时自动呼叫服务等功能模块，涉及呼叫处理、智能路由、自动语音提示、呼叫数据集成、网络及数据库等多种先进技术。企业利用现有技术可以建立无需人员介入的呼叫中心，但一般情况下呼叫中心总会设立一定数量的人工座席服务人员，使客户能就产品性能、价格行情和操作指南等信息与人工座席服务人员进行实时对话。

呼叫中心是企业业务支撑系统的有机组成部分，是重要且相对独立的业务系统。呼叫中心和其他主要系统之间的关系如图 6-4 所示。

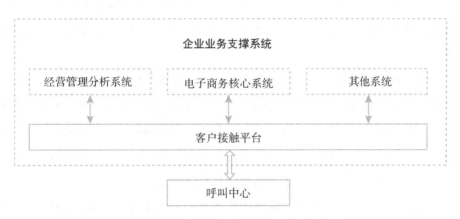

图 6-4　呼叫中心与其他主要系统之间的关系

2. 呼叫中心的作用

呼叫中心作为客户与企业沟通的统一平台，能向客户提供全方位、全天候的服务，在企业的营销战略中处于越来越重要的地位。其作用主要体现在以下四个方面。

第一，它是为客户提供优质服务的窗口。呼叫中心向客户提供了一个交互式、专业化、集成式的服务窗口，不但能缩短客户请求的响应时间，而且由于信息技术的应用，特别是在后台数据库系统的支持下，极大地提高了服务质量。企业可依靠优质的售前、售中和售后服务吸引和留住客户，最终取得优势，而呼叫中心正是企业提升服务水平的有力武器。

第二，它是企业收集客户资料，了解客户需求的重要渠道。呼叫中心是一个接收客户投诉及意见的窗口，是获取客户信息的主要渠道。它可将客户的投诉内容、对企业的意见或建议、对企业业务及产品的征询内容记载下来，并送达相应部门及相应企业人员，有助于深入了解客户的需求，掌握市场的需求信息。

第三，它是改善内部管理的重要途径。呼叫中心不但可以接收客户对产品和服务的意见和建议，而且可以听到他们对企业各部门的看法。根据客户意见，企业可改善内部管理体制，减少不必要的流程，优化平面式服务结构，提高工作效率。

第四，它是实现企业效益目标的重要组成部分。呼叫中心提供的服务可增加企业直销销量，减少中间周转，降低库存，使用户数量和营业收入不断增加，并形成良性循环，因此，呼叫中心完全可以主动地为企业创造丰厚的利润。

课程思政

2020年7月，兴业银行的智能语音客服机器人正式上线，在上线不到两个月的时间内，实现了日均处理客户来电4万多通，端到端整体识别率为91%以上，语音转文字整体字准确率为93%以上的效果，获得了兴业银行员工和客户的双重好评。

据介绍，兴业银行的智能语音客服机器人具备可视化多轮对话管理、高精度智能常见问题应答、高效快速的自主学习模式、情感分析等核心功能。智能语音客服机器人不仅语音能力强，还具备良好的感知能力、认知能力、表达能力，从而实现多轮对话、精准回答等更多功能。完善的智能语音客服系统让兴业银行客户服务工作更从容、更高效、更有温度。

现在，兴业银行的客户只需接通服务电话，便可直接通过智能对话完成相应业务意图场景的智能交互，并在身份核实和业务确认等步骤后快速办理相关业务。同时，客户在办理业务的过程中可随时打断咨询、进行业务跳转等，服务更加智能化、人性化。例如，客户使用智能语音客服机器人查询名下信用卡账务信息，办理时间较以前的按键菜单缩短58%，明显提升了服务效率，节省了服务资源。

兴业银行的智能语音客服是人工智能技术与传统呼叫中心结合的典范，既节省了企业的人工成本，又提升了客户体验。可见，应用人工智能技术能够有效提升企业客户关系管理的质量和水平。

>>>想一想：兴业银行的智能语音客服是否会完全取代人工客户，智能客服带来了哪些改变？

_____

_____

_____

(四)客户关系管理系统的主要应用场景

随着人们对客户关系管理认知程度的深入,客户关系管理系统将会逐渐被越来越多的企业所熟悉和接受。

1. 客户关系管理系统在零售业中的应用

零售业主要是指厂商以外的渠道伙伴、商业机构组成的贸易行业。例如,某公司不生产汽车,而是多个品牌汽车的授权经销商;某公司不生产工业设备或计算机软硬件,但是授权代理、分销商;某公司的货架上摆满了琳琅满目的各类时装和化妆品,但这些商品几乎都来自其他生产厂家。在零售业中,经销商面向生产、生活资料市场中的其他实体或消费者,开展市场营销、销售并提供相关服务。

(1)商业会员制卖场与客户关系管理的应用

越来越多的卖场(商场、超级市场)实行了会员制管理,但卖场的会员制度仅适用于累计客户采购商品的消费额和积分,大多用于促销,最多只能用于分析客户的商品采购倾向和购买力。柜台售货员、促销员或收银员无法向卖场会员管理系统提交更多客户信息。那么,与客户相关的差别化需求、行为特征和表现等又该怎样记录呢?越来越多的卖场把柜台、货架位置出租给其他经销商,这样各经销商必须另行拥有自己专柜的会员制度和客户关系管理系统才能解决问题。

例如,一家代理中高档品牌女鞋的专柜经销商用客户关系管理系统记录互动过程中会员发出的关键信号和体验感受后,系统不仅能差别化地掌握不同会员对各季款式的时尚追求、感性度、舒适度、穿着场合的要求,还可有针对性地提供有价值的美学顾问咨询及新品推介服务,定期分析不同客户群的购买倾向,有针对性地通过电子邮件、信函方式传递商品信息或进行促销。不少中高档化妆品和时装等柜台同样引入了客户关系管理系统,利用前端商务信息为后端采购和生产制造提供了决策依据。

(2)专业经销与客户关系管理的应用

许多专业经销商从事的不是一般消费品转卖业务,而是销售成套设备、复杂系统或软件,并通过安装、配置、培训、维护等方式使客户获得增值服务。专业经销具有典型的项目管理特征,与柜台交易营运方式不同。处于厂家与客户垂直营销链中间位置的专业经销商,在商业渠道日趋扁平化的今天,其传统地位不断受到冲击,大环境迫使其与厂家团结一致地推广品牌,更稳固地做好本地客户关系管理工作,更积极地开展市场竞争,如图6-5所示。

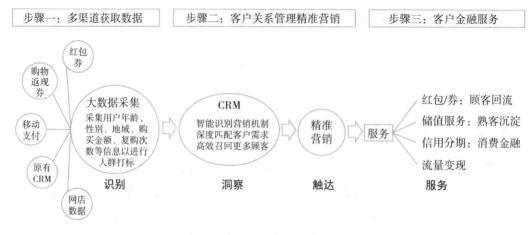

图 6-5   专业经销与客户关系管理

作为新零售解决方案提供商，"全民共赢"能够提供为零售店自身微信服务号导流(客户支付后直接关注门店微信服务号)、智能识别营销时机并推送信息等多项服务。其应用的大数据处理技术是其核心优势。

第一，移动支付。在数据获取环节，"全民共赢"支持扫码聚合支付、小票二维码返现、原有客户关系管理数据导入等多种技术手段，由此完成销售数据采集，包括消费者性别、地域、复购次数、金额等。

第二，客户关系管理精准营销。完成数据采集后，"全民共赢"对人群进行"打标"，利用大数据分析处理技术深度匹配客户需求，并由机器智能识别营销时机，实现对消费者的洞察。

第三，客户金融服务。完成前两步后，"全民共赢"可以利用后台匹配的营销时机，为客户自动推送包括红包、储值卡、白条分期等泛金融服务，达成客户的回流和沉淀。

经此三步，"全民共赢"就可以完成从客户到门店多次消费的消费链路闭环。而在各个环节通过大数据和互联网赋能，可实现每位消费者的可识别、可洞察、可触达、可服务。

门店只需在收银处放置自身收款二维码并对接"全民共赢"管理后台，即可享受这一整套的服务，无需购买额外的支付硬件。客户整体使用体验与常规扫码支付无异。

2. 客户关系管理系统在物流业中的应用

传统的物流企业实力有限，普遍存在规范化程度低、客户沟通渠道狭窄、信息透明度低、客户智能管理缺乏、客户信息的分析能力欠佳、客户关系数据库维护难等问题。在整个物流过程中，各个环节分散在不同的区域，需要一个信息平台将整个物流环节连接起来，以及时把握客户的订货需求，进行车辆的调度管理、库存管理及票据管理等，力求用最少的库存、最短的运输距离满足客户的需求。

现代物流企业普遍采用了信息化管理技术，呼叫中心和电子商务、客户关系管理技术的运用并有效结合传统物流信息化手段，将遍布各地的物流中心与客户连接起来，形成高效的物流配送网络。

物流企业客户关系管理系统结合物流行业的特点，在物流行业中发挥较大的作用，可实现客户资料的存储与管理、客户行为的分析与理解及客户价值的最大化等，可解决传统物流企业成本高、效率低的问题。物流行业信息化目前已经度过了关注和观望期，第一层次的信息化平台在很多企业中已经实施，如内部的财务管理、仓储管理、订单管理和运输管理等，相关系统包括企业资源计划、物流管理和供应链管理等应用系统。第二层次的信息化平台对物流企业而言，其核心是提供"服务"，呼叫中心、电子商务及客户关系管理技术的结合将会对物流基础信息平台起到至关重要的整合作用。

3. 客户关系管理系统在电子商务中的应用

在传统信息技术领域乃至传统社会经济环境中，客户关系管理并不是一个新的概念。在这个概念进入我国多年后，人们开始尝试赋予其新的内容，尤其是在电子商务崛起的时代背景下，电子商务运营者们不再只将客户关系管理软件当做客户关系管理工具，而更多地将其作为管理一切与客户有关商业策略的统一体系中的重要组成部分。随着移动电子商务时代的到来，移动客户关系管理系统让端到端的打通成为可能，可以帮助电子商务企业更方便、及时、准确地管理客户，甚至对更为复杂的客户信息分析和客户战略决策等都能起到至关重要的作用，不仅能为销售人员带来客户和业绩，而且成为企业实施人性化管理中连接企业和客户的情感纽带。

📖 学有所思

通过对客户关系管理系统及应用相关内容的学习，请你谈一谈做好客户关系管理能为企业带来什么价值？

_____

_____

_____

_____

_____

自学测试

1. 单选题

(1)"客户关系管理"这个词的核心主题是( )。

    A. 客户   B. 关系   C. 服务   D. 管理

(2)客户关系管理的终极目标是( )的最大化。

    A. 客户资源   B. 客户资产   C. 客户终身价值   D. 客户关系

(3)在客户满意中,超出期望的表达式是( )。

    A. 感知服务效果>预期服务   B. 感知服务效果

    C. 感知服务效果=预期服务   D. 感知服务效果<预期服务

(4)客户投诉的最根本原因是( )。

    A. 客户预期的期望被满足   B. 客户预期的期望没有得到满足

    C. 产品质量不好   D. 后续服务不好

(5)著名"二八"理论是指( )。

    A. 企业80%的销售额来自20%的老客户

    B. 企业有80%的新客户和20%的老客户

    C. 企业80%的员工为20%的老客户服务

    D. 企业80%的利润来自20%的老客户

(6)_____是大客户销售的目的。

    A. 赚取利润   B. 获取企业长期、持续的收益

    C. 降低库存   D. 取得市场的竞争优势

(7)在竞争度较高的行业里,客户满意与客户忠诚的相关性( )。

    A. 较大   B. 较小   C. 无关   D. 相等

(8)客户忠诚是建立在( )基础之上的,因此,提供高品质的产品和无可挑剔的基本服务、增加客户关怀是必不可少的。

    A. 客户的盈利率   B. 客户总成本   C. 客户满意   D. 客户价值

(9)下列关于客户满意或客户忠诚的表述中,错误的是( )。

    A. 客户满意是一种心理上的满足

    B. 客户忠诚是一种持续交易的行为

    C. 客户满意是客户关系管理的根本目的

    D. 客户忠诚是客户关系管理的根本目的

(10)下列各项中，(　　)不属于电子商务环境下客户关系管理在前端实施的服务功能。

　　A. 个性化网页服务　　　　　　B. 在线客服

　　C. 订单自助跟踪服务　　　　　D. 客户状态分析

(11)以下说法中，正确的是(　　)。

　　A. 争取新客户的成本低

　　B. 保留老客户的成本低

　　C. 争取新客户的成本与保留老客户的成本差不多

　　D. 争取新客户和保留老客户的成本要根据实际情况来定

(12)_____是大客户销售的目的。

　　A. 赚取利润　　　　　　　　　B. 获得企业长期、持续的收益

　　C. 降低库存　　　　　　　　　D. 取得市场的竞争优势

(13)根据网上购物者购物的特点，以下不属于常见的网上购物类型的是(　　)。

　　A. 专门计划型购物　　　　　　B. 一般计划型购物

　　C. 一般无计划型购物　　　　　D. 完全无计划型购物

(14)客户关系管理简写为(　　)。

　　A. CRM　　　　　B. CPM　　　　　C. SRC　　　　　D. ERP

2. 判断题

(1)客户关系管理的管理理念是视客户为企业最重要的资产。(　　)

(2)客户关系管理系统不仅是一种软件，而且是信息技术、软硬件系统集成的管理办法和应用方案的总和。(　　)

(3)大客户和小客户一样都需要关怀，但提供标准化的服务也可以使大客户感到满意，不必实施个性化服务。(　　)

(4)操作型客户关系管理就是"做正确的事，做该做的事"，适合管理者或者领导使用。(　　)

(5)呼叫中心就是热线电话，只有投入，不会创造利润。(　　)

3. 简答题

(1)客户关系管理解决的主要问题是什么？

(2)如何提高客户的忠诚度？

(3)电子商务客户关系管理的主要内容包含哪些？

📖 项目实训

项目背景

　　通过对电子商务客户关系管理相关内容的学习，小莉明白了客户关系管理对于电子商务企业的重要性，为了更好地将理论应用于实际工作，小莉觉得可以先从客户不满意的现象着手，分析客户不满意的原因及解决办法。

任务一　网店中差评调研统计

任务描述

　　第一步，小莉准备从调研网店着手，对销售不同类型商品的网店的评价数据进行调研。

操作要求：

完成 5 个不同产品类型(数码、服饰、食品、玩具、办公用品)的 5 家店铺的中差评数据调研统计。

产品类型	店铺名称	差评数量	差评率	差评类型
数码产品				1. 2. 3. ……

任务二　网店中差评原因分析

第二步，小莉准备系统地分析产生差评的原因。

操作指南：

分析差评原因。

产品类型	差评类型	差评原因
数码产品	1. 2. 3. ……	1. 2.

任务三　网店中差评规避

第三步，小莉根据分析结果，提出解决方案。

操作指南：

根据差评的原因来提出解决方案。

差评类型	差评原因	解决方案
1. 2.	1. 2.	

项目总结

通过对本章的学习，我的总结如下：

一、主要知识

1.

2.

3.

4.

二、主要技能

1.

2.

3.

4.

三、成果检验

1. 完成任务的意义：

2. 学到的知识和技能：

3. 自学的知识和技能：

4. 对电子商务客户关系管理的理解：

项目七　　电子商务支付与安全

项目介绍

　　本项目主要讲述电子商务支付与电子商务安全相关内容，包括电子支付的定义、特征和模型，第三方支付与支付安全以及安全要素、面临的主要安全问题和防范措施等。电子商务支付是电子商务"三流"中"资金流"的重要支撑，电子商务安全是电子商务开展的前提条件，因此，电子商务支付与电子商务安全对电子商务的顺利开展具有重要意义。

　　本项目的实践是通过对第三方支付企业、数字人民币和网络病毒等知识点的探究，加深学习者对本章节内容的认识，并提升学习者防范网络病毒的能力。

学习目标

　　(1)掌握电子支付的定义、模型和特征及其与现金支付的差异；

　　(2)了解电子商务支付系统和支付方式；

　　(3)掌握主要的电子商务第三方支付机构；

　　(4)理解电子商务支付主要面临的风险；

　　(5)掌握电子商务安全要素、面临的主要安全问题与常见的安全防范措施；

　　(6)了解电子商务的支付系统，熟悉常用的电子支付系统；

　　(7)熟悉银行卡、网上银行及手机银行的功能，并能使用网上银行及手机银行完成在线支付和转账等基本操作。

知识结构

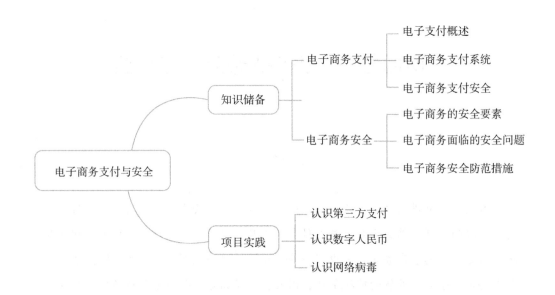

学习计划

小节内容		电子商务支付	电子商务支付安全	电子商务安全
课前预习	预习时间			
	预习自评	难易程度　　□易　　□适中　　□难 问题总结：		
课后巩固	复习时间			
	复习自评	难易程度　　□易　　□适中　　□难 问题总结：		

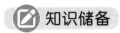 知识储备

模块一　电子支付

（一）电子支付概述

随着金融信息化进程的加速和大数据时代的到来，我国电子支付市场保持高速增长的态势，电子支付的用户量和交易金额迅猛增长。电子支付融入人们的日常生活，成为消费者的主要支付方式。

1. 电子支付定义

电子支付是指用户以互联网为媒介，通过计算机、移动终端等通用设备发出指令，由支付服务器通过对指令的解析实现资金转移的过程。从电子支付的定义可以看出，它包括通用设备、互联网和资金转移三个核心内容。

2. 电子支付的结构模型

电子支付的实现需要特定的组织结构，并且需要各结构之间的密切配合，这就构成了电子支付的结构模型。一般而言，电子支付要满足不同的支付需求、实现不同的支付额度以及花费一定的时间，这就构成了电子支付结构模型的外延。电子支付结构模型的内涵一般包括六个要素，即参与者的身份标识、实现指令输入的指令终端、传输支付指令的公共网络、识别支付指令的服务器以及完成资金转移的收款账户和付款账户，如图7-1所示。

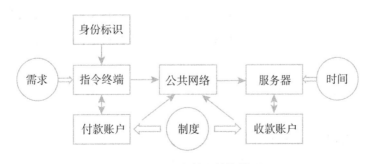

图 7-1　电子支付的结构模型

3. 电子支付的特征

电子支付是指消费者、商家和金融机构之间，使用电子手段将支付信息通过信息网络安全地传送到银行或相应的处理机构，用来实现货币支付或资金流转的行为。与传统的支付方式相比，电子支付具有以下特征。

第一，电子支付采用先进的技术通过数字流转完成信息传输，并采用数字化的方式进行款项支付；而传统的支付方式则是通过现金的流转、票据的转让以及银行的汇兑等物理实体的流转来完成款项支付。

第二，电子支付的工作环境基于一个开放的系统平台(如 Internet)；而传统的支付则是在较为封闭的系统中运作。

第三，电子支付使用最先进的通信手段，对软硬件设施的要求很高，一般要有联网的计算机、相关的软件及配套设施；而传统的支付使用传统的通信媒介，没有太高的软硬件设施要求。

第四，电子支付具有方便、快捷、高效、经济的优势。用户只要拥有一台联网的个人计算机或移动设备，便可足不出户，在很短的时间内完成整个支付过程。电子支付可以通过 3 种形式实现：一是对银行账户的贷记/借记(电子转账等)；二是通过卡片或终端设备(如计算机或手机)进行支付(卡基支付工具)；三是对某个网站上电子账户的贷记/借记(虚拟货币)。

4. 电子支付与现金支付的区别

为了更清楚地了解电子支付与现金支付流通方式的不同，下面以一位消费者分别以现金方式和电子支付方式到商场消费时所发生的情况为例加以说明。消费者用现金购物，首先必须从银行存款账户上提取现金，然后持现金到商场购物，购物时支付现金，商场收到现金，并在当天营业终了后将现金存入银行，形成存款。消费者用电子支付工具支付，一般要在银行开立存款账户，并申领电子支付工具(如电子钱包)。如果消费者以电子钱包到商场购物，付款时只须刷卡，资金就由消费者的存款账户转至商场的存款账户，消费者与商场之间并未发生直的接资金转移，如图 7-2 所示。可以看出，用现金支付与用电子支付之间的最大差别如下：

第一，资金运动轨迹不同。用现金支付，资金需要脱离银行；而用电子支付，资金并不脱离银行。

第二，银行与商场的记账程序不同。用现金支付，银行需先付(客户提取存款)后收(商场将现金存入)；商场要先收现金，后送存银行。而用电子支付，商场无需收现金就可

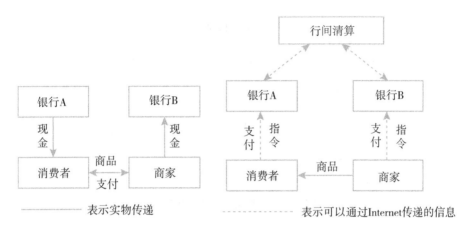

图 7-2　传统支付与电子支付

直接与银行清算。

第三，清算方式不同。用现金支付，一手交钱一手交货，消费者与商场之间的资金转移并不需要通过银行进行清算；用电子支付，消费者与商场之间的资金转移需通过银行进行清算。

第四，安全程度不同。当接受现金支付时，商场必须小心以免误收伪币，同时，对于现金的保管要付出一定的费用。而使用电子支付，对于系统的安全性考虑与控制更多地由银行承担。

(二)电子商务支付系统

电子商务支付系统是电子商务系统的重要组成部分，是消费者、商家和金融机构之间使用安全电子手段交换商品或服务，即将支付信息，包括电子现金、信用卡、借记卡、智能卡等，通过网络安全传送到银行或相应的处理机构来实现电子支付。它是融购物流程、支付工具、安全技术、认证体系、信用体系、金融体系为一体的综合系统。

1. 电子商务支付系统的相关机构

电子商务支付系统的基本构成如图 7-3 所示。

客户是指与某商家有交易关系并存在未清偿的债权债务关系的一方。客户用自己拥有的支付工具(如信用卡、电子钱包等)来发起支付，是支付系统运作的原因和起点。

商家则是有债权的商品交易的另一方，它可以根据客户发起的支付指令向金融体系请

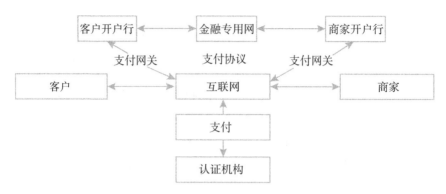

图 7-3　电子商务支付系统的基本构成

求获取货币给付。

客户开户行是指客户办理银行账户开户的银行，客户所拥有的支付工具就是由开户行提供的，客户开户行在提供支付工具的同时也提供了银行信用，即保证支付工具的兑付。在卡基支付体系中，客户开户行又被称为发卡行。

商家开户行是指商家办理银行账户开户的银行，其账户是整个支付过程中资金流向的地方。商家将客户的支付指令提交给商家开户行后，就由开户行进行支付授权的请求以及行与行间的清算等工作。商家的开户行是依据商家提供的合法账单（客户的支付指令）来工作的，因此又称为收单行。

支付网关是公用网和金融专用网之间的接口，支付信息必须通过支付网关才能进入银行支付系统，进而完成支付的授权和获取。支付网关的建设不仅关系着支付结算的安全及银行自身的安全，而且关系着金融系统的安全，必须保证这两种信息在传输过程中不能被无关的第三者阅读，包括商家不能看到其中的支付信息（如信息卡号、授权密码等），银行不能看到其中的交易信息（如商品种类、商品数量等）。这就要求支付网关一方面必须由商家以外的银行或其委托的卡组织来建设，另一方面，网点不能分析交易信息，对支付信息也只能起保护与传输的作用，即这些保密数据对网关而言是透明的。

金融专用网则是银行内部及银行间进行通信的网络，具有较高的安全性，包括中国国家现代化支付系统、人民银行电子联行系统、工商银行电子汇兑系统、银行卡授权系统等。

2. 电子商务支付方式

电子商务支付系统是电子商务系统的重要组成部分，电子商务支付是指买家、卖家和金融机构之间利用电子化方式进行商品或服务交易。电子商务交易中的支付方式也是影响电子商务发展的一个重要因素。目前电子商务中采用的支付方式主要有：

（1）在线支付

在线支付包括网上支付工具支付和网上银行支付，它是电子商务行业中最受欢迎、最被行业公认的支付方式。淘宝的支付宝和腾讯的财付通等都是电子商务网上在线支付工具，安全性较高，使用的人也越来越多。网上银行是指银行利用互联网技术为客户办理各项传统银行服务项目，在电子商务交易中实施在线支付时，可以选择网上银行账户，包括借记卡和信用卡，足不出户就可以完成支付，非常方便快捷。

（2）汇款支付

对于没有或者不会使用网上在线支付工具和网上银行的买家，他们可以通过传统的汇款方式到银行进行资金转账支付，相对在线支付，这种方式较麻烦，而且不能保证汇款及时到账，因此也会在一定程度上影响发货速度。

（3）货到付款

随着电子商务的发展，有些物流公司，如顺丰快递、宅急送快递等开通了货到付款业务。货到付款就是指买家收到货后将货款和运费一起交给快递员，也就是一手交钱一手交货的形式，快递员收到货款之后，物流公司会与卖家结账，将货款支付给卖家，物流公司在成功完成此次交易后收取相应的运费和代收货款的手续费。这种方式一般适合不太懂得网上购物的群体，尤其是年纪较大，不会使用电脑，或者对网上交易抱有怀疑心态的买家。

（4）移动支付

近年来，随着移动电子商务的发展，移动支付也得到了快速发展。移动支付（mobile payment），是指交易双方为了某种货物或者服务，使用移动终端设备为载体，通过移动通信网络实现的商业交易。移动支付所使用的移动终端可以是手机、PDA、移动 PC 等。

3. 非银行类第三方支付

支付是电子商务的重要组成部分，信息流、资金流和物流是电子商务的三大环节，其中资金流（即支付）处于核心地位。电子商务的快速发展要求支付的同步发展，因此，支付是支撑电子商务发展的关键环节，也是其能够快速发展的基础。

电子商务极大地推动了电子支付的发展，在追求效率和便利的电子商务环境下，如果依赖传统的支付方式，如现金、银行汇票、票据等，付款及清偿的流程将可能成为电子商务交易的瓶颈。例如，各种票据支付的方式普遍速度过慢，货到付款存在延迟与不确定性，银行卡支付不够方便且存在泄露卡信息的风险。此外，互联网上许多交易都是小额交易，使用传统的支付方式处理成本太高。可以看出，电子商务发展的需求直接推动互联网在线支付(如网银支付、手机支付、第三方支付)的兴起和高速发展。

随着市场经济的发展，各国先后对第三方支付机构进行了定义。美国于 1999 年颁布的《金融服务现代化法案》将第三方支付机构界定为非银行金融机构，将第三方支付视为货币转移业务，本质上是传统货币服务的延伸。欧盟于 1998 年颁布的《电子货币指令》规定第三方支付的媒介只能是商业银行货币或电子货币，将类似 PayPal 的第三方支付机构视为电子货币发行机构；2005 年颁布的《支付服务指令》规定第三方支付机构为"由付款人同意，借由任何电信、数码或者通信设备，将交易款项交付电信、数码或网络运营商，并作为收款人和付款人的中间交易人"。中国人民银行于 2010 年颁布的《非金融机构支付服务管理办法》将非金融机构支付服务定义为，在收付款人之间作为中介机构提供下列部分或全部货币资金转移服务：互联网支付、预付卡的发行与受理，银行卡收单。

第三方支付机构通常可为用户提供银行卡收单、互联网支付、移动支付、预付卡支付、电话支付、数字电视支付等多种形式的支付服务。值得注意的是，尽管电子商务促进了电子支付的快速发展，但电子支付与电子商务支付方式之间存在着一些范围上的区别。从电子支付的概念来看，它包括自助银行支付、网银支付、电话银行支付、POS 收单、第三方互联网支付、移动支付等；而电子商务支付则更为强调依托互联网的在线支付，如网银支付、第三方互联网支付、移动支付等。

(三)电子商务支付安全

1. 电子商务支付系统面临的安全威胁

以 Internet 技术为基础的电子商务，每天会进行千百万次的交易。Internet 本身是一个高度开放性的网络，因此，基于 Internet 的电子商务存在一定的安全风险，主要表现在以下几个方面。

(1)黑客的威胁

"黑客"是英语"Hacker"的音译，原意是指有造诣的电脑程序设计者，现在则专指那些利用自己掌握的电脑技术偷阅、篡改或窃取他人机密数据资料，甚至在网络上实施犯罪行为的人。在互联网时代，黑客利用通信软件，通过网络非法侵入他人的计算机或移动设备系统，截获或篡改数据，危害信息安全。

(2)计算机病毒

计算机病毒(computer virus)是编制者在计算机程序中插入的破坏计算机功能或者数据，影响计算机使用，且能自我复制的一组计算机指令或者程序代码。计算机病毒是一个程序、一段可执行码，就像生物病毒一样，具有自我繁殖、互相传染以及激活再生等生物病毒特征。计算机病毒有独特的复制能力，它们能够快速蔓延，又常常难以根除。它们能附着在各种类型的文件上，当文件被复制或从一个用户传送到另一个用户时，它们就随同文件一起蔓延开来。因此，计算机病毒具有传播性、隐蔽性、感染性、潜伏性、可激发性、表现性或破坏性。

(3)因软件设计的"漏洞"或"后门"而产生的安全问题

随着软件系统规模的不断扩大，新的软件产品开发出来后，其中的安全"漏洞"或"后门"也不可避免地存在。比如，我们常用的操作系统，无论是 Windows 还是 UNIX，都存在或多或少的安全漏洞，众多的各类服务器、浏览器以及一些桌面软件等都被发现过存在安全隐患。大家熟悉的电脑病毒都是利用系统漏洞给用户造成巨大损失，可以说任何一个软件系统都可能会因为程序员的一点疏忽、设计中的一个缺陷等原因而存在漏洞，不可能完美无缺。

(4)恶意网站设置的陷阱

有些网站会恶意编制一些盗取他人信息的软件或文件，并且可能隐藏在下载信息中，只要用户登录或者下载网络文件就会感染病毒，甚至被控制，计算机中的所有信息都会被盗取，而且部分软件会长期存在被感染的计算机中，操作者并不知情，如现在非常流行的"木马"病毒。因此，浏览互联网时应格外注意，不要登录不良网站和不安全网站，否则后果不堪设想。

(5)内部工作人员的不良行为引起的安全问题

企业内部网络用户的误操作、资源滥用和恶意行为也有可能对网络安全造成巨大的威胁。各行业、各单位现在都会搭建局域网，使用移动办公，但是由于管理制度不严，某些员工不能严格遵守行业内部关于信息安全的相关规定，很容易引起一系列安全问题。

2. 电子商务支付机构的法律风险

(1)巨额沉淀资金风险

支付机构实际收到的预收待付资金称为客户备付金。许多买家为了网购方便，常常保留金额大小不等的资金在自己的支付账户里，这些资金称为账户余额；客户备付金和账户余额共同组成了沉淀资金。由于预收待付的时间差以及平台巨大的交易规模，使得沉淀资金规模巨大。

以前涉及沉淀资金监管的主要管理办法有《非金融机构支付服务管理办法》《支付机构客户备付金存管办法》，其设计框架是沉淀资金由第三方支付平台预收待付、存放于商业银行专用存款账户中并且商业银行监督，二者共同负责资金安全，共同承担可能的风险和责任。人民银行作为行业主管部门，负责对第三方支付行业的行政管理工作，也包括对沉淀资金及其安全进行管理。有研究者将沉淀资金面临的主要风险总结为技术风险、道德风险、信用风险和法律风险。

（2）洗钱风险

由于现有的主流第三方支付企业主要是大型电子商务网站或电子商务平台，仅仅承担支付媒介的功能，对交易的真实性无法核实。犯罪分子利用这一特点，很容易虚构交易进行洗钱，即通过虚构电子交易在全球各地转移非法获利，因此，第三方支付极易成为洗钱违法犯罪行为的隐置场所。

（3）信用卡套现风险

信用卡套现是指信用卡持卡人不通过正常手续将信用卡中的授信额度全部或部分直接转换成现金的行为。信用卡套现是经济活动中常见的违法犯罪现象。传统的信用卡套现主要是通过 POS 机刷卡实现，也有通过购买机票、基金等商品或者服务，再申请退货以取得现金退款。第三方支付的兴盛为信用卡套现提供了新路径，虽然手段层出不穷，但基本模式都是利用信用卡付款到第三方支付平台账户，然后提现至借记卡中。信用卡付款的前提是电子商务交易，因此，监控并打击信用卡套现，需要与电子商务网站合作，加大力度审查交易的真实性。

此外，第三方支付平台还需要公安、工商等行政部门的配合，才具备审核信用卡所有者、账户注册人信息真实性的权利。赋权第三方支付企业查询或审核自然人个人信息、法人等主体工商登记信息的同时，要注意保护个人信息或商业秘密。毕竟第三方支付企业不同于作为公共服务机构的行政机关，其行为需要基于特定目的而予以特别授权，并实施有效监管。

（4）消费者权益保护风险

现行的《中华人民共和国消费者权益保护法》规定了 9 项消费者权利，即人身财产安全权、知悉真情权、自主选择权、公平交易权．依法求偿权、建立消费者组织权、获得知识权、受尊重权和监督批评权。从目前第三方支付行业发展来看，容易受到侵害的是财产安全权、知情权、求偿权以及作为新兴权利的个人信息权。

目前全社会已经形成共识：在第三方支付活动中，账户注册及资金支付中涉及消费者个人信息的，应妥善保管、定期持有、合理使用这些信息并确保这些信息不被不正当利用，是第三方支付平台的重要义务。国家市场监督管理总局颁行的《网络交易监督管理办法》要求网络交易平台服务经营者应采取措施确保消费者个人信息数据的安全；未经消费者本人同意，不得擅自对外公布消费者名单、交易记录等个人信息。

个人信息权保护对象是个人信息，所有基于支付活动中产生的信息都属于个人信息的范畴，既包括个人基本信息，如姓名、性别、年龄、地址等，也包括支付交易中产生的信息，如电子邮箱、身份证号码、登录密码、支付密码，以及每次支付额度、支付对象、支付时间等。

工商总局于 2010 年 7 月 1 日发布并实施的《网络商品交易及有关服务行为管理暂行办法》第 16 条规定：网络服务经营者必须对消费者信息承担安全保管、合理使用限期持有和妥善销毁义务；同时禁止公开、出租、出售个人信息。2012 年 12 月 28 日全国人大常委会通过了《关于加强网络信息保护的决定》，明文规定包括第三方支付企业在内的网络服务提供者在业务活动中收集的公民个人电子信息必须严格保密，不得泄露、篡改、毁损，不得出售或者非法向他人提供；应当采取技术措施和其他必要措施，确保信息安全，防止在业务活动中收集的公民个人电子信息泄露、毁损、丢失。

3. 电子商务支付系统的安全性要求

电子商务发展的核心是交易的安全性，由于 Internet 本身的开放性，使网上交易面临种种危险，因此，有必要实施相应的安全控制。电子商务安全的基本要求包括保密性、完整性、不可否认性、身份可鉴别性、交易信息的有效性和支付信息的匿名性。

(1) 交易信息的保密性

交易信息的保密性是指保证信息为授权者合理使用而不会泄露给未经授权者。在电子商务系统中，与交易相关的信息均有保密的要求，如注册用户的手机号码、银行卡的账号及密码。因此，在电子商务交易过程中，一般采用密码技术对传输的信息进行加密处理来实现其保密性。

(2) 交易信息的完整性

交易信息的完整性包括信息传输和存储两个方面的含义——在存储时要防止被非法篡改和破坏，在传输过程中要求接收端收到的信息与发送方发送的信息完全一致。信息在传输过程中的加密处理，只能保证第三方看不到信息的真正内容，但并不能保证信息不被修改。

如图 7-4 所示，消费者向企业发出购物请求标志着一次电子商务流程的开始。企业获得消费者的请求和购物确认后，通过支付网关将支付指令传送给消费者，消费者在收到企业发出的支付请求后，通过支付网关发出支付指令，支付网关将购物信息和支付指令传输给网络银行或第三方支付清算机构获取授权，网络银行及第三方支付清算机构将分别向消费者开户行和企业开户行进行验证并获取授权，然后将授权信息返回企业，企业获得银行的授权信息后向消费者发出购物回应信息并准备供货。目前，支付网关多由第三方支付清算机构承担。

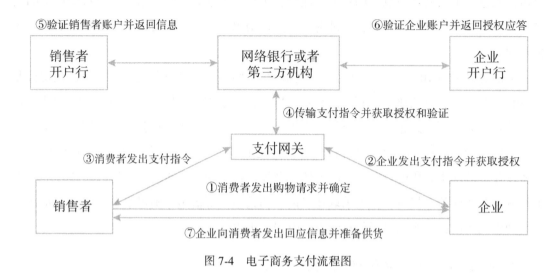

图 7-4 电子商务支付流程图

在线支付工具通常包括在线卡基支付工具、电子支票以及电子现金，这些都是电子商务活动中顾客购物时常用的支付工具，是在小额购物或购买小商品时常用的新式电子钱包。利用在线支付工具在网上购物，通常包括以下步骤。

第一步，顾客(购物消费者)通过接入 Internet(大众公用网络)的计算机或移动设备查询自己想购买的物品。

第二步，顾客在计算机或移动设备上输入订货单，包括销售商店、商品及数量，订货单上还需注明送货时间、送货地方以及收货人等信息。

第三步，通过电子商务服务器与有关商店联系并得到应答，告诉顾客所购货物的单价、应付款数、交货时间等信息。

第四步，顾客确认后，可使用并选取一种在线支付工具付款。

第五步，电子商务服务器对此在线支付工具进行加密和确认等处理，并发送到相应的银行，同时销售商店也收到了经过加密的购货账单，销售商店将自己的顾客编码加入电子购货账单后，再转送到电子商务服务器；电子商务服务器确认这是一位合法顾客后，将其同时送到信用卡公司和商业银行，在信用卡公司和商业银行之间进行收付款和账务往来的电子数据交换和结算处理；信用卡公司将处理请求再送到商业银行请求确认并授权，商业银行确认并授权后送回信用卡公司。

如果商业银行确认后拒绝并且不予授权，则说明顾客的电子支付工具存在问题。遭到商业银行拒绝后，顾客可以换另一种支付工具，并重复上述操作。

如果商业银行证明这个支付工具有效并授权，销售商店就可确认交易。与此同时，销售商店会留下整个交易过程中往来的财务数据，并且将电子收据发送给顾客。

第六步，上述交易成交后，销售商店就会将货物发送至顾客在电子订货单中指明的送达地点。对于顾客来说，整个购物过程自始至终都十分安全可靠。其间顾客可以用浏览器或设备进行浏览和查看。成功购物后，顾客可随时调出电子购物账单进行查阅。

由于采取加密机制，顾客使用的支付工具上的信息，他人是看不到的，保密性很强，使用起来十分安全可靠。这种电子购物方式非常方便，还可利用电子商务服务器确认销售商店的真实性，比在网上使用信用卡交易更安全。电子商务服务器的安全保密措施，可以保证顾客购物的商店必定是真实的，不会是假冒的。

在上述电子购物过程中，从顾客输入订货单后到收到销售商店出具的电子收据为止，一般仅用5~20秒的时间。这种电子购物方式十分省事、省力、省时。购物过程中虽经过信用卡公司和商业银行等多次进行身份确认、银行授权、各种财务数据交换和账务往来等，但所有业务活动都是在极短的时间内完成的。顾客利用各种电子商务保密服务系统，就可以在Internet上使用自己的在线电子支付工具，放心大胆地购买所需要的物品。从整个购物过程看，购物的顾客只需填写电子订货单，表明自己要购买的物品，调出在线电子支付工具，通过授权即可完成交易，并得到电子收据。这是一种不同于传统购物方式的现代高新技术购物方式。

总之，电子购物过程彻底改变了传统的面对面交易和一手交钱、一手交货以及面谈等购物方式，而且是有效的、极具保密性的、安全可靠的。

学有所思

通过对电子商务支付相关内容的学习，请你想一想互联网上使用电子支付的场景有哪些，它和现金支付有何差异？

模块二　电子商务安全

随着我国电子商务的快速发展和广泛应用，安全问题逐渐凸显。如何应对电子商务安全问题，值得我们进行深入思考。根据调查可知，我国计算机受到木马病毒攻击、病毒侵染的数量和频率正在逐年增加，新病毒的种类层出不穷，防不胜防，这些都为电子商务安全问题敲响了警钟，解决电子商务安全问题迫在眉睫。

(一) 电子商务的安全要素

电子商务安全问题是影响电子商务普及和全面应用的关键问题，正成为人们关注的焦点。它不仅仅关系到使用者的经济利益，而且还会影响人们对电子商务的信心，成为影响电子商务良性发展的重大问题。电子商务安全问题主要表现在以下四个方面。

1. 有效性、真实性

有效性、真实性是指要能对信息、实体的有效性、真实性进行鉴别。由于电子商务能跨越地域限制进行交易，那么它就要求交易双方的身份必须是真实存在的而不是虚假的。电子商务作为贸易的一种形式，其信息的有效性和真实性直接关系着个人、企业和国家的经济利益和声誉。保证电子贸易信息的有效性和真实性是经营电子商务的前提。互联网的开放性导致电子商务面临了各种风险，因此，必须采取相应的安全控制措施来保证电子商务的安全性，让人们能放心、安心地在网上进行交易。

2. 机密性

机密性是指保证信息不会泄露给非授权人或实体。电子商务作为一种贸易手段，其信息是个人、企业或国家的机密。网络交易必须保证发送者和接受者之间交换信息的机密性，而电子商务建立在一个较为开放的网络环境上，电子商务信息就成为电子商务全面推广或应用的重点保护对象。信息在传输或者存储过程中不能被他人窃取。比如，买家在网上使用信用卡进行支付时，如果用户名及其密码被他人盗用，那么他的利益将遭受严重的损失。

3. 完整性

保证数据的完整性要求防止对数据的非授权的输入、修改、删除或破坏。信息的完整性将影响贸易各方的交易和经营行动，保持这种完整性是电子商务应用的基础。数据输入时的意外差错或欺诈行为可能导致贸易各方信息的差异，数据传输过程中的信息丢失、重发或传送次序的差异也会导致贸易各方信息不相同。要确保信息在传送给接收者的过程中没有被非法篡改，如果信息被恶意改动，交易将会是不可靠的，商家和消费者也将会受到损失。因此，信息的完整性能保证电子商务交易的严肃性和公正性。

4. 可靠性、不可抵赖性

可靠性是指合法用户对信息和资源的使用不会遭到不正当的拒绝；不可抵赖性也称为不可否认性，是指建立有效的责任机制，防止实体否认其行为。在互联网上，每个人都是匿名的，发送方发送数据后不能抵赖、接收方在接收数据后也不能抵赖。而基于无纸化的电子商务模式下，通过手写签名和印章进行贸易活动的鉴别已经不能满足人们的需要。交易一旦达成，信息的发送方和接收方都必须承认交易过程，发送方不能否认已发出信息，接收方不能否认已收到信息。信息的不可否认性在一定程度上能保障交易双方的利益。

(二) 电子商务面临的安全问题

在当今加快开放型经济建设的社会形势下，电子商务具有广阔的市场，给企业带来了较好的商机。然而，电子商务面临的安全问题却不容乐观。根据调查显示，现阶段的电子商务安全问题较为严重，尤其是网络病毒问题，在一定程度上阻碍了我国电子商务行业的健康发展，主要表现在以下几个方面。

1. 病毒种类多、更新快

根据相关行业数据显示，我国的电子商务安全问题形势严峻，电子商务安全问题亟待解决且刻不容缓。现阶段的网络病毒数量增加快，种类繁多，变化速度快，并且很多新木马病毒都是旧病毒的变种，尽管杀毒软件也在快速更新、升级，但仍然不能完全有效阻止病毒投放者多方位的投毒行为，并且一些病毒是通过下载器进行投放的，这些病毒可以自动从网站上被下载下来并且进行自主更新，这给杀毒工作带来了很多困难。此外，现阶段有很多病毒制造者利用病毒、木马技术从事违法犯罪活动，如网络窃取、诈骗等，不仅影响电子商务健康发展，而且给社会的安定造成威胁。利用不良软件和网络攻击技术进行犯罪活动的现象也层出不穷，电子商务犯罪逐渐呈现出公开化、大众化等特点。

2. 网络病毒的传播方式多样化

相较传统的网络病毒是通过网络媒介进行传播的，现阶段的网络病毒传播方式也发生了变化——通过储存媒介传播已经成为病毒传播的主要方式，U 盘及移动硬盘等移动存储设备的广泛应用使木马病毒等有可乘之机，如某些特殊文件的自动调用功能可以将移动储存设备中的木马病毒激活，进而侵染用户的计算机系统。近些年，因网络下载而感染病毒的情况逐渐下降，被"挂马"方式取而代之，"挂马"主要是指某些网页中被嵌入了恶意代码，有安全漏洞的计算机访问该网页时就会被病毒侵染。这种病毒侵染方式更加隐蔽、攻击性更强，用户很难发现，潜在危险更大。

3. 网络病毒对电子商务造成的影响越来越大

近些年，用户的浏览器被肆意修改、一些重要数据无故丢失、系统功能受到限制、密码被盗等情况频频发生，对电子商务造成了巨大的伤害，严重影响了电子商务的正常运行。很多病毒具有较强的攻击性和破坏性，且生存能力较强，难以消除。这些病毒的制造者为攫取非法经济利益，给用户带来巨大的经济损失。不仅如此，一些病毒软件传播速度较快，贩卖现象猖獗，利用邮件等冲击、破坏用户计算机的情况也呈上升趋势。

(三) 电子商务安全防范措施

鉴于我国当前的电子商务面临严峻的安全问题，对电子商务安全防范措施进行探究具有重要意义。

1. 提高公众的安全意识

目前，公众的电子商务安全意识较为淡薄，没有很好的自我保护意识，给网络犯罪提供了可乘之机。因此，一定要强化安全宣传工作，如利用大众媒体普及安全知识等，提高人们的安全意识，让用户认识到网络犯罪的破坏性及危害性，树立网络交易安全意识，知晓电子商务安全防范措施的重要性，能够敏锐地发现影响网络安全的行为。

2. 采用多重网络保护技术

网络技术是电子商务的核心，要想从根本上保证电子商务的安全必须依靠网络技术的提高。目前，经常采用的电子商务安全技术有防火墙、物理隔离及虚拟专用网络等，其中防火墙技术应用得最为广泛，它可以在内部网络和外部网络之间建立保护屏障，在抵御外界攻击的同时防止内部的服务器被一些未授权的用户攻击。网络管理人员需要定期到指定的网络服务器下载程序补丁以保证防火墙的高效运行，与此同时，要对整个网络系统进行实时监控，一旦发现问题应及时解决，尽量将安全隐患降到最低。相关企业要实行内部网络与外部网络的物理隔离技术，大力应用虚拟专用网络技术，实现多重网络保护，以确保网络环境的安全性。

3. 加强网络技术管理水平

加强网络技术管理水平是解决电子商务安全问题的根本。首先，相关企业要在企业内部制定规范的工作标准和要求，严格把关企业内部人员对网络共享资源的使用情况，不要轻易开放共享目录，对经常有信息交换要求的用户进行共享加密，坚持密码与信息对应，即只有通过密码验证才能访问数据。其次，要尽可能地保护用户的秘密信息，少开放一些不常用的网络服务端口，并且对服务器中的重要数据进行备份。

4. 合理运用法律的武器保护自己

针对电子商务安全问题，国家也颁布了一些法律法规以保护电子商务运行者及使用者的合法权益，相关企业一定要合理运用法律武器保护自己，打击犯罪分子的嚣张气焰，维护自身的合法权益。国家相关部门也要尽快完善法律，填补漏洞，不给犯罪分子留有可乘之机，促进电子商务产业的快速发展。

2019年5月28日，国家互联网信息办公室研究起草了《数据安全管理办法（征求意见稿）》（以下简称《数据安全管理办法》），开始向社会公开征求意见。其中提出，网络运营者不得以改善服务质量、提升用户体验、定向推送信息、研发新产品等为由，以默认授权、功能捆绑等形式强迫、误导个人信息主体同意其收集个人信息。《数据安全管理办法》对网络运营者在数据收集、处理使用、安全监督管理三个方面做出了明确要求，包括企业利用用户数据和算法推送新闻信息、商业广告时，应标明"定推"字样，并为用户提供停止接收定向推送信息的功能等。

无独有偶，2019年5月24日，据中共中央网络安全和信息化委员会办公室官方微信通报，App专项治理工作组开通了违法违规收集使用个人信息举报渠道，认真受理网民举报，其间工作组收到大量关于App强制、超范围索要权限等方面的举报信息。统计结果显示，相当一部分App存在强制超范围索要权限情况，平均每个App申请收集个人信息相关权限数有10项，而用户不同意开启则App无法安装或运行的权限数平均为3项。

另据"电子商务消费纠纷调解平台"近年来受理的全国电商投诉案件大数据表明，包括天猫/淘宝、京东、唯品会、当当网、苏宁易购、国美在线、1 号店等在内的电商平台，以及美团/大众点评、携程、去哪儿、支付宝等在内的生活服务 O2O 平台，均曾出现用户信息泄露事件。仅 2018 年，就多次出现用户个人信息泄露事件，如圆通、顺丰的十几亿条个人信息被出售，12306 的数百万条旅客信息在网上被出售等。

📖 学有所思

通过对电子商务安全相关内容的学习，请你谈一谈互联网上的哪些行为会产生安全风险？

_____

_____

_____

_____

☑ 自学测试

1. 单选题

(1)计算机病毒的特征不包括以下哪一项(　　　　)。

    A. 加密性　　　　B. 隐藏性　　　　C. 潜伏性　　　　D. 破坏性

(2)防火墙的关键技术不包括以下哪一项(　　　　)。

    A. 分组过滤技术　　B. 代理服务器技术　　C. 状态检测技术　　D. 翻墙技术

(3)入侵检测系统功能不包括以下哪一项(　　　　)。

    A. 数据收集和提取　　B. 数据分析　　C. 数据加密　　D. 结果处理

(4)将信用卡分为贷记卡和准贷记卡，采用的分类标准是(　　　　)。

    A. 按发卡机构不同

    B. 按发卡对象的不同

    C. 根据清偿方式的不同

    D. 根据持卡人的信誉、地位等资信情况的不同。

(5)智能卡是在(　　　　)问世的。

    A. 美国　　　　B. 英国　　　　C. 荷兰　　　　D. 法国

(6)号称"有优惠的钱包"指的是(　　　　)

    A. QQ 钱包　　　　　　　　　　B. 支付宝钱包

    C. 百度钱包　　　　　　　　　　D. 微信钱包

(7)2016年3月1日，微信提现开始收取手续费，每位用户享有(　　)元免费提现额度，超出该额度后，按提现金额收取(　　)手续费，每笔最少0.1元。

    A. 1000元，0.05%　　　　　　　　B. 1000元，0.1%

    C. 2000元，0.05%　　　　　　　　D. 2000元，0.1%

2. 多选题

(1)以下哪些属于网民的个人隐私(　　)。

    A. 肖像　　　　　　　　　　　　　B. 电话号码

    C. 邮箱账号　　　　　　　　　　　D. 家庭住址

(2)计算机病毒的防范检测方法包括(　　)。

    A. 特征代码法　　　　　　　　　　B. 校验和法

    C. 行为监测法　　　　　　　　　　D. 软件模拟法

3. 填空题

(1)基于互联网的电子支付系统由客户、商家、认证中心、(　　)、客户银行、商家银行和金融专用网络七个部分构成。

(2)客户银行也称(　　)，是指为客户提供资金账户和网络支付工具的银行。

(3)商家银行也称为(　　)，是为商家提供资金账户的银行。

(4)银行卡分为借记卡和(　　)两种。

(5)移动支付主要分为(　　)和远程支付两种。

3. 简答题

(1)请比较电子商务支付与电子支付的异同。

(2)电子商务支付系统中每个模块的作用是什么？

(3)请简述电子商务面临的安全问题。

📑 项目实训

项目背景

通过对电子商务支付和电子商务安全相关知识的学习，小莉了解到互联网金融发展对人们的生活的深远影响，也理解了网络安全的重要性，为了更好地掌握本项目的内容，小莉希望梳理目前重要的第三方支付公司的现状和网络病毒的主要形态。

任务一　认识第三方支付

第一步，小莉准备通过网上搜索了解第三方支付平台，找出现阶段中国第三方支付（交易额）平台中排名前五位的营运（提供）商。

操作指南：

请将网上搜索的近期中国第三方支付排名前五位的营运（提供）商公司名称（支付宝、财富通、银联支付、拉卡拉、快钱）、支付平台名称、平台最主要的特点等信息，填写在下表中。

序号	公司名称	支付平台	平台最主要的特点
1			
2			
3			
4			
5			

任务二　认识数字人民币

第二步，小莉准备系统了解数字人民币，包括数字人民币的定义和特点、与传统纸质人民币的差异以及与第三方支付公司（支付宝）的区别。

操作指南：

搜索数字人民币相关内容，熟悉数字人民币的特点和功能。

1. 数字人民币的定义和特点：

_____

_____

_____

2. 数字人民币的主要技术：

_____

_____

_____

3. 数字人民币与支付宝的异同：

相同点：

_____

_____

不同点：

_____

_____

_____

任务三 认识网络病毒

任务描述

第三步，小莉希望更进一步了解网络安全的相关知识，她决定先从了解网络病毒着手，包括网络病毒的主要类型、网络病毒的传播途径等信息。

操作指南：

在网上搜索网络病毒相关内容，根据实训任务完成信息检索。

1. 网络病毒的定义和特点：

_____

_____

2. 网络病毒的主要分类：

_____

_____

3. 网络病毒的主要传播路径：

_____

_____

_____

4. 过去十年间典型的网络病毒主要有哪些：

_____

_____

_____

田 项目总结

通过对本章的学习，我的总结如下：

一、主要知识

1.
2.
3.
4.

二、主要技能

1.
2.
3.
4.

三、成果检验

1. 完成任务的意义：
2. 学到的知识和技能：
3. 自学的知识和技能：
4. 对数字人民币发展的判断：

项目八　电子商务创新模式

项目介绍

本项目主要介绍电子商务的创新模式，主要的创新模式包括新零售、跨境电商和农村电商三种方向。首先，讲解了新零售的定义，并阐述新零售与电商和线下传统零售的关联，以及新零售时代的影响。其次，介绍了跨境电商的概念、特点、运作流程，并对跨境电商的不同类型和主流跨境电商平台进行了解析。最后，阐述了农村电商的概念、分类，并介绍了主要农村电商平台。

本项目的实践任务主要是深入了解跨境电商平台与淘宝网的开店流程，并学会在淘宝网开店。

学习目标

(1)掌握新零售的定义和特征；

(2)掌握新零售与电子商务的区别与联系，以及与传统零售的不同点；

(3)掌握新零售的时代价值；

(4)掌握跨境电子商务的概念、特点、分类；

(5)了解主流跨境电子商务平台的特点；

(6)掌握农村电商的定义、分类方法，了解主流涉农电商平台；

(7)能根据对跨境电商的理解，总结不同跨境电商平台的特点；

(8)能够熟练运用互联网获取跨境电商信息，并掌握淘宝店的开设流程、开设方法。

知识结构

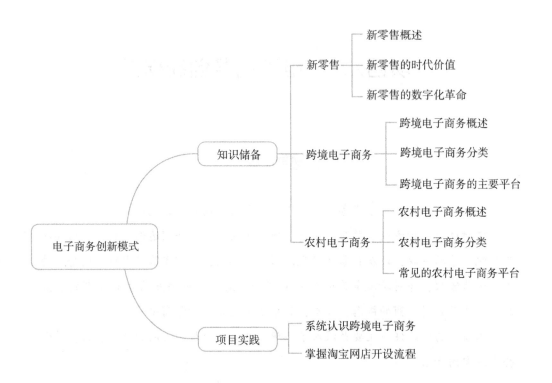

电子商务创新模式
- 知识储备
  - 新零售
    - 新零售概述
    - 新零售的时代价值
    - 新零售的数字化革命
  - 跨境电子商务
    - 跨境电子商务概述
    - 跨境电子商务分类
    - 跨境电子商务的主要平台
  - 农村电子商务
    - 农村电子商务概述
    - 农村电子商务分类
    - 常见的农村电子商务平台
- 项目实践
  - 系统认识跨境电子商务
  - 掌握淘宝网店开设流程

学习计划

小节内容		新零售	跨境电子商务	农村电子商务
课前预习	预习时间			
	预习自评	难易程度　□易　□适中　□难 问题总结：		
课后巩固	复习时间			
	复习自评	难易程度　□易　□适中　□难 问题总结：		

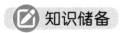
知识储备

模块一　新零售

（一）新零售概述

线上电子商务无法提供真实场景和良好购物体验的现实路径，用户在消费过程中的体验要远逊于实体店面，不能满足人们日益增长的对高品质、异质化、体验式消费的需求，这成为阻碍传统线上电商企业实现可持续发展的"硬伤"。现阶段我国居民人均可支配收入不断提高，人们对购物的关注点已经不再仅仅局限于价格低廉等线上电子商务曾经引以为傲的优势，而是愈发注重对消费过程的体验和感受。因此，探索运用"新零售"模式来启动消费购物体验的升级，推进消费购物方式的变革，构建零售业的全渠道生态格局，必将成为传统电子商务企业实现自我创新发展的又一次有益尝试。

1. 新零售的定义

新零售，New Retailing，即企业以互联网为依托，通过运用大数据、人工智能等先进技术手段，对商品的生产、流通与销售过程进行升级改造，进而重塑业态结构与生态圈，并对线上服务、线下体验以及现代物流进行深度融合的零售新模式。

新零售是以消费者体验为中心的数据驱动的泛零售形态，它以需求数据为本，围绕消费者，重构人（消费者）、货（商品/服务）、场（消费场景），并基于数理逻辑，力促企业内部与企业间的流通损耗接近为"零"。新零售利用人工智能、大数据、云计算等新兴技术，对行业产业链进行智能化升级，包括消费者需求识别、产品设计、采购、制造、推广、交易、配送等，并结合社交、场景搭建等方式，形成"线上（云平台）加线下（门店或制造商）加智能物流、高效供应链体系"三位一体的运营模式，最终将人、货、场重新进行有效组合，提高商品到达消费者的输送效率，达到增强消费者体验的目的，如图8-1所示。

2. 新零售的特征

新零售是以消费者为中心，充分利用数据赋能为消费者提供升维体验的实时"在线"全

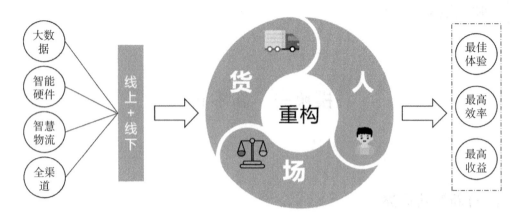

图 8-1　新零售重构人、货、场

渠道场景。新零售通过对新一代信息技术的使用来对线上、线下零售场景进行改造，具有如下特征：

（1）完整的生态链

新零售的商业生态构建将涵盖网上页面、实体店面、支付终端、数据体系、物流平台、营销路径等诸多方面，并嵌入购物、娱乐、阅读、学习等多元化功能，进而推动企业线上服务、线下体验、金融支持、物流支撑四大能力的全面提升，使消费者对购物过程便利性与舒适性的要求能够得到更好满足，并由此增强用户黏性。

（2）线上线下融合发展

新零售通过对线上与线下平台、有形与无形资源进行高效整合，以"全渠道"方式清除各零售渠道间的种种壁垒，模糊经营过程中各个主体的既有界限，打破过去传统经营模式中所存在的时空边界、产品边界等现实阻隔，促成人员、资金、信息、技术、商品等要素的合理顺畅流动，进而实现整个商业生态链的互联与共享。依托企业的"无界化"零售体系，消费者的购物入口将变得非常分散、灵活、可变与多元，人们可以在任意的时间、地点、以任意的方式，随心尽兴地通过诸如实体店铺、网上商城、电视营销中心、自媒体平台甚至智能家居等一系列丰富多样的渠道，与企业或者其他消费者进行全方位的咨询互动、交流讨论、产品体验、情景模拟以及购买商品和服务。

（3）消费场景更加智慧

新零售商业模式得以存在和发展的重要基础，正是源于人们对购物过程中个性化、即时化、便利化、互动化、精准化、碎片化等需求的逐渐提高，而要满足这些需求则在一定程度上需要依赖于"智慧型"的购物方式。可以肯定的是，在产品升级、渠道融合、客户至上的"新零售"时代，人们经历的购物过程以及所处的购物场景必定会具有典型的"智慧型"特征。未来，智能试装、隔空感应、拍照搜索、语音购物、VR 逛店、无人物流、自助结算、虚拟助理等图景都将真实地出现在消费者眼前，甚至获得大范围的应用与普及。

（4）购物过程体验式

随着我国城镇居民人均可支配收入的不断增长和物质产品的极大丰富，消费者主权得以充分彰显，人们的消费观念将逐渐从价格消费向价值消费过渡和转变，购物体验将成为决定消费者是否进行购买的关键性因素。在现实生活中，人们对某个品牌的认知和理解往往会更多地来源于线下的实地体验或感受，而"体验式"的经营方式就是通过利用线下实体店面，将产品嵌入所创设的各种真实生活场景之中，赋予消费者全面深入了解商品和服务的直接机会，从而触发消费者视觉、听觉、味觉等方面的综合反馈，在增进人们参与感与获得感的同时，也使线下平台的价值得以进一步发现。

3. 新零售与传统电商的区别与联系

第一，电商最大的优势是商家借助于互联网将信息快速地传给消费者，即零售不仅仅是一种商业模式，更是一个产业链。新零售一方面是对目前零售各个环节进行智能化升级，另一方面主要是提高消费者体验，弥补电商的场景不足的弊端，支撑商品展示的多元性，并提高消费者黏性。新零售的"革命性"不仅体现在数字化和新技术的应用上，还对技术创新与商业模式变革提出了要求，体现在模式演变、数据运用、场景重塑、营销链路、供应链融合等多个方面。可以说，整个行业的每一个环节都在发生着深刻的变化，而这些变化积聚起来就构成了新零售的完整图景。

新零售通过对商品的生产、流通与销售过程进行升级改造，重塑业态结构，并对线上服务、线下体验及现代物流进行了深度融合。因此，新零售本质上是对人、货、场三者的重构，通过科技手段让零售行业获得新的活力。

第二，新零售的诞生离不开传统电商的发展。传统电商通常集中在线上的服务和销售，给用户提供了一种前所未有的购物体验。随着用户需求的升级，单纯的线上消费已不能满足用户的需求，于是伴随着信息技术的发展，新零售应运而生。

从传统电商到新零售，是从"场—货—人"到"人—货—场"的转变过程，也是企业从研发商品去寻找用户，转变成根据用户的需求对应生产符合用户喜好的商品，并为用户提供体验场所的过程。

也正因为有了传统电商前期的运营经验，新零售的线下布局才得以顺利开展。例如，传统电商的推荐机制就是利用大数据整合而成，而新零售在传统电商运用大数据的基础上，将整合出来的用户需求转移到线下，通过技术打造线下消费场景作为新零售的流量入口。

4. 新零售与传统零售的不同

传统的线下零售用户的购物场景是到店、拿货、付款、走人，线上零售的场景是浏览、加入购物车、付款、收包裹。得益于商业模式、技术系统、运营方式、供应链等外部条件赋能，新零售购物场景是多样化的，包括店铺现货购、独立 App 购、店中店触屏购、微信 H5 页面购等，给用户带来不只是物质消费的享受，而是整个购物过程中体验度的提升，如图 8-2 所示。

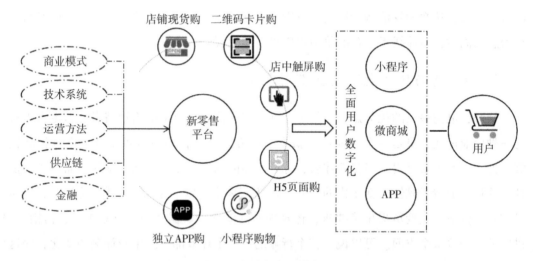

图 8-2　新零售商业模式

传统零售集中在 PC 互联网时代，流量高度中心化，企业即使拥有搭建网店的技术能力和运营能力也无法成功，电子商务的业务只能依靠平台。新零售集中在移动互联网时代，企业可以利用大数据、云计算等技术，整合线上碎片化流量及实体门店自带的流量，构建自己的新零售体系，如图 8-3 所示。

(二) 新零售的时代价值

能够让消费者满意、感动与分享是新零售的关键点。新零售能实现的消费愿景就是"所想即所得，所得即所爱"。同时，新零售带来的不是电子商务的灭亡，也不是传统零售的终结，是在新消费刺激下两者融合而进化形成的新产业形势，即重新定义客户关系，促进供给侧改革，提升购物体验，推动零售的数字化革命，通过新技术的应用满足消费者需求的实时变化、升级与分化，换句话说就是更好的消费体验、更方便的购物触达、更周到

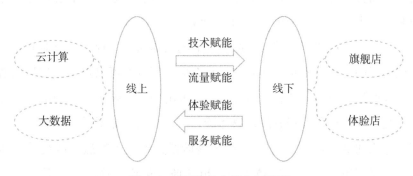

图 8-3　新零售整合线上与线下

体贴的个性化服务、更值得信赖的品牌口碑等。

1. 新零售重构客户关系

在买方市场的丰饶经济时代，消费者的需求才真正被重视。新零售时代的消费者被赋能体现在以下两个方面。

（1）以消费者为中心，一切以消费者的需求为出发点

零售企业要考虑的核心问题不再是我有什么、我要卖什么、在哪里卖，而是消费者需要什么、什么时候需要、需要多少。商家需要根据不同地区的销售情况，按消费者需求来调整自己的商品策略。

（2）选择成本更低、效率更高

技术的进步能够确保消费者在线下商超购物时无须排队、无须人工结账，通过技术与硬件还能重构零售卖场空间，可实现门店数字化与智能化改造，智能终端将取代旧式的货架、货柜，延展店铺时空，构建丰富多样的全新消费场景，以新型门店与卖场来全面升级消费者体验，这样的终端将成为一种新模式，让消费者真正拥有消费主动权。

2. 新零售促进供给侧改革

消费升级既促进了需求的结构升级，也同样带来了供给的结构升级，而新零售必然带来供给侧结构性改革，即从提高供给质量出发，用改革的办法推进结构调整、扩大有效供给、提高供给结构对需求变化的适应性和灵活性，更好地满足消费者的需要。新零售的供给结构升级体现在以下三个方面。

（1）全渠道

真正的新零售应是 PC 网店、移动 App、微信商城、直营门店、加盟门店等多种线上

与线下渠道的全面打通与深度融合，商品、库存、会员、服务等环节皆贯穿并融为一个整体。全渠道具有三个特征，即全程、全面、全线。

一是全程，即一个消费者从接触商品到最后购买商品的过程中，企业必须在某些关键节点保持与消费者的全程、零距离接触。二是全面，即企业可以跟踪和积累消费者购物全过程的数据，在此过程中与消费者及时互动，掌握消费者在购买过程中的决策变化，给消费者提供个性化建议，提升消费者的购物体验。三是全线，即渠道的发展经历了单一渠道时代(单渠道)、分散渠道时代(多渠道)的发展阶段，到达了渠道全线覆盖，即线上线下全渠道阶段。全渠道覆盖了包括实体渠道、电子商务渠道、移动商务渠道的线上与线下融合。

新零售将从单向销售转为双向互动，从线上或线下转向线上线下融合。因此，新零售要建立"全渠道"的联合方式，以实体门店、大数据云平台、移动互联网为核心，通过融合线上线下，实现商品、会员、交易营销等数据的共融互通，向消费者提供跨渠道、无缝化体验。新零售的全线可以理解为"三通"，即商品通、会员通、服务通，如图8-4所示。

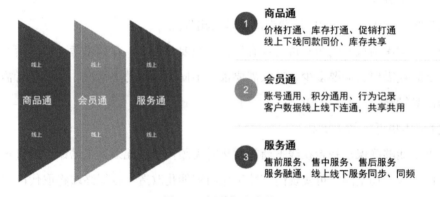

图 8-4　新零售达成的"三通"

(2)去库存

未来的零售有两个方向：一个方向是通过系统、物流将各地仓库(包括保税区，甚至海外仓)连接起来，完成库存共享，改变传统门店大量铺陈与积压商品的现状，引导消费者线下体验、线上购买，实现门店去库存；另一个方向就是从消费者需求出发，倒推至商品生产环节，零售企业按需备货，供应链按需生产，真正实现零售去库存。

(3)智能门店

商家应通过技术与硬件重构零售卖场空间，进行门店智能化改造：一方面，依托信息技术，对消费者、商品、营销、交易四个环节完成运营数字化改造；另一方面，商家以物联网进行店铺的智能化改造，应用智能货架与智能硬件（销售终端、触屏、3D 试衣镜等）延展店铺时空，构建丰富多样的全新零售场景。未来每个企业都需要大数据来支撑运营，这是企业走向新零售的关键，通过大数据完成对消费者的可识别、可服务、可触达、可洞察，最终才能走向真正的供给侧结构性改革，如图 8-5 所示。

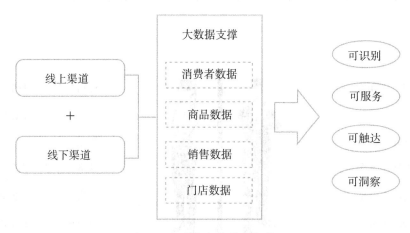

图 8-5　新零售整合线上与线下

3. 新零售升级购物体验

新零售为消费者带来的不是单一的购物体验，而是提供商品、服务和体验的综合零售模式，三层叠加拉动商品销售。新零售还可以让消费者享受到记名消费的会员体验，这是一种有踪迹、有档案的消费。在新零售时代，消费者就算是买一支笔，都会有数据记载，这就是记名消费。基于这些数据，商家又可以反过来为消费者提供新的消费体验，形成一个良性循环，打造基于消费者的升维体验。

（三）新零售的数字化革命

数字化是零售业最重要的转型和创新的突破口，也是新零售的核心，未来新零售会实现消费者数字化、终端渠道数字化、营销数字化。未来零售企业的竞争力不再体现在价格、商品、营销方面，而是对消费者的洞察以及分析数据的能力。

1. 消费者数字化

消费者数字化是商家通过采集消费者的属性数据和行为数据对其进行全息的消费画

像，如图 8-6 所示，即对购买商品和服务的消费者进行全方位的了解，从而无限逼近消费者内心的真实需求。为了获得消费者的完整信息而不仅仅是一些简单的"快照"，需要一个中央数据仓库，用来储存消费者与具体品牌接触的全部相关信息，如消费者的基本数据及交易信息、浏览历史记录、消费者服务互动等。总的来说，消费者画像是根据消费者的社会属性、生活习惯和消费行为等信息而抽象出的一个标签化的消费者模型，具体包含以下几个维度。

图 8-6　消费者数字化

知识牵引

　　快照是指定数据集合的一个完全可用拷贝，该拷贝包括相应数据在某个时间点(拷贝开始的时间点)的映像。快照可以是其所表示的数据的一个副本，也可以是数据的一个复制品。快照的主要作用是能够进行在线数据备份与恢复。当存储设备发生应用故障或者文件损坏时可以进行快速的数据恢复，将数据恢复到某个可用的时间点的状态。快照的另一个作用是为存储用户提供了另外一个数据访问通道，当原数据进行在线应用处理时，用户可以访问快照数据，还可以利用快照进行测试等工作。所有存储系统，不论高中低端，只要应用于在线系统，那么快照就成为一个不可或缺的功能。

　　一是消费者的固定特征：性别、年龄、地域、教育水平、职业等。
　　二是消费者的兴趣特征：兴趣爱好、使用的 App、浏览/收藏评论内容、品牌偏好、商品偏好等。
　　三是消费者的社会特征：生活习惯、婚恋、社交渠道等。

四是消费者的消费特征：收入状况、购买力、商品种类、购买渠道、购买频次。

2. 终端渠道数字化

终端不再是商品的销售渠道，而是消费体验和数据上传的端口。云端零售将遍布传感器与交互设施的端口，且端口都是线上线下一体化的，即线下端和线上端有机融合的"双端"经营模式，商家可将线上消费者引导至线下消费，也可将线下的消费者吸引至线上消费，从而实现线上线下资源互通、信息互联、相互增值的目的。在形态上，无论是线下各类门店，还是线上的网店及各种移动设备、智能终端等都是数据导入的端口。消费者实时在线，端口将消费者全方位的数据上传至云端，商家通过数字化技术打通线上与线下、虚拟与现实的各个碎片化端口，并吹响零售业革命的号角。

3. 精准营销

有了消费者画像之后，商家便能清楚了解消费者的潜在需求，在实际操作上也能深度经营与消费者的关系，甚至找到扩散口碑的机会。首先，商家会针对不同商品发送推荐信息，同时也不断通过满意度调查、跟踪码确认等方式，掌握消费者各方面的行为与偏好；其次，在不同时间阶段观察成长率和成功率，再通过前后期对照，确认整体经营策略与方向是否正确；若效果不佳，又该用什么策略应对；最后，反复试错并调整模型，做到循环优化，精准反馈。其中最重要的是，在掌握数据之后，商家可以真正做好精细化服务。

学有所思

通过对新零售相关内容的学习，请说一说你对新零售的理解。

_____

_____

_____

_____

_____

模块二　跨境电子商务

近年来，随着"一带一路"倡议的深入发展，我国跨境电商行业呈现出较强劲的持续增长势头。跨境电商构建了开放、立体的多边经贸合作模式，拓宽了企业进入国际市场的途径，同时还有利于消费者获取其他国家的商品。

(一) 跨境电子商务概述

跨境电子商务作为推动经济一体化和贸易全球化的技术基础，具有非常重要的战略意义。它冲破了国家或地区间的障碍，使国际贸易走向无国界贸易，正在引起世界经济贸易的巨大变革。

1. 跨境电子商务的概念

跨境电子商务(Cross border-Commerce)是指分属不同关境的交易主体，通过电子商务平台达成交易、进行支付结算，并通过跨境物流送达商品、完成交易的一种商业活动。

跨境电子商务有狭义和广义两种概念。狭义上，跨境电子商务基本等同于跨境零售，是指分属于不同关境的交易主体，借助计算机网络达成交易、进行支付结算，并采用快件、小包等方式通过跨境物流将商品送达消费者手中的交易过程。广义上，它泛指电子商务在跨境贸易领域的应用，买卖双方可以通过互联网向采购方和消费者展示自己的商品，跨境电子商务基本等同于外贸电子商务，是指分属于不同关境的交易主体，通过电子商务的手段将传统进出口贸易中的展示、洽谈和成交环节电子化，并通过网络办理海关、银行、税务、保险、运输等流程的相关事宜。

2. 跨境电子商务的特点

跨境电子商务是基于互联网发展起来的新型国际贸易形态，它不同于传统的贸易方式，呈现出自己的特点。

(1)全球性

互联网是一个没有边界的媒介。依附于互联网产生的跨境电子商务，能够帮助消费者购买全球各地的商品和服务，企业也可以把商品和服务输送到世界各地。

（2）无形性

传统交易以实物交易为主，而在跨境电子商务中，消费者的整个交易过程都是在网络上完成的，交易的数据都是数字化传输的无形信息。

（3）匿名性

在虚拟的跨境电子商务中，在线交易的消费者往往不显示自己的真实身份和地理位置，因此平台和卖家很难识别电子商务用户的身份和其所处的地理位置。网络的匿名性允许消费者匿名交易，保护了消费者的隐私，但也导致了自由与责任的不对称。

（4）即时性

在跨境电子商务环境中，人们不再像过去一样局限于地域、时间。通过互联网，企业能够快速实现商品和服务信息的发布，消费者能够 24 小时随时随地购买商品和服务。

3. 跨境电商运作流程

跨境电商是通过电子商务平台达成交易、支付结算，并通过跨境物流送达商品、完成交易的一种国际商业活动，主要由跨境电商平台、跨境物流公司和跨境支付平台三个部分组成。

跨境电商虽然是不同关境主体之间的买卖交易，但作为电子商务的一部分，其运作流程与电子商务类似，消费者首先通过跨境电商平台浏览商品，然后进行价格等信息的交流，最后涉及物流运输和支付等环节。如图 8-7 所示为跨境电商的运作流程图。

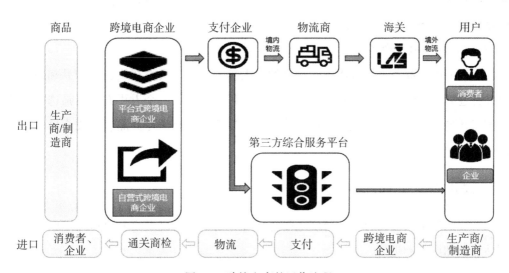

图 8-7 跨境电商的运作流程

跨境电商的整个运作流程与国内电子商务具有相似性，只是跨境电商的交易涉及更多环节，如海关、税收和跨境物流等。

(二)跨境电子商务分类

跨境电子商务的形式多种多样，按交易模式可分为 B2B、B2C、C2C，按进出口方向可分为进口跨境电子商务和出口跨境电子商务。

1. 按照交易模式分类

按照交易模式的不同，跨境电商可以分为 B2B 跨境电商、B2C 跨境电商和 C2C 跨境电商，其中，B2C 跨境电商和 C2C 跨境电商又被统称为跨境零售。

(1)B2B 跨境电子商务

B2B 跨境电子商务是指分属不同关境的企业，通过电子商务平台达成交易、进行支付结算，并通过跨境物流送达商品、完成交易的一种国际商业活动，代表性企业有敦煌网、中国制造网、阿里巴巴国际站和环球资源网等。

(2)B2C 跨境电子商务

B2C 跨境电子商务是指分属不同关境的企业直接面向消费者个人在线销售产品和服务，通过电子商务平台达成交易、进行支付结算，并通过跨境物流送达商品、完成交易的一种国际商业活动。天猫国际、速卖通、网易考拉、DX、兰亭集势、米兰网、大龙网等都属此类电子商务企业。

(3)C2C 跨境电子商务

C2C 跨境电子商务是指分属不同关境的个人卖方对个人买方在线销售产品和服务，个人卖方通过第三方电子商务平台发布产品和服务售卖信息等，个人买方进行筛选，最终通过电子商务平台达成交易、进行支付结算，并通过跨境物流送达商品、完成交易的一种国际商业活动。

2. 按进出口方向的分类

如果按照进出口贸易分类，跨境电商还可以分为进口跨境电商和出口跨境电商，也就是商品外销和商品购进。

进口跨境电子商务是指海外卖家将商品直销给境内的买家，一般流程是境内买家访问境外商家的购物网站选择商品，然后下单购买并完成支付，由境外卖家发国际快递给境内买家。

出口跨境电子商务是指境内卖家将商品直销给境外买家，一般流程是境外买家访问境内商家的网店，然后下单购买并完成支付，由境内商家发国际物流至境外买家。

(三)跨境电子商务的主要平台

跨境电子商务平台的主要作用是信息展示、在线匹配和撮合。典型的跨境电子商务平台有全球速卖通(aliexpressh)、阿里巴巴国际站、亚马逊、Wish、敦煌网(dhgate)等。

1. 全球速卖通

全球速卖通(以下简称"速卖通")是阿里巴巴旗下面向全球市场打造的在线交易平台，以 B2C 为主要跨境贸易模式。2010 年 4 月，速卖通正式上线，对外开放免费注册，迅速成为全球最大的外贸在线交易平台。卖家在速卖通上注册、发布产品都是免费的，订单成交后速卖通平台会将销售额的 5% 作为佣金，卖家通过国际支付宝提现的时候需要支付一笔手续费。

2. 阿里巴巴国际站

阿里巴巴国际站是 B2B 跨境电商，帮助中小企业拓展国际贸易的出口营销推广服务，它基于全球领先的企业间电子商务网站阿里巴巴国际站贸易平台，通过向海外买家展示、推广供应商的企业和产品，进而获得贸易商机和订单。阿里巴巴国际站提供一站式的店铺装修、产品展示、营销推广、生意洽谈及店铺管理等全系列线上服务和工具，能帮助企业降低成本、高效率地开拓外贸大市场。

3. 亚马逊

亚马逊公司(Amazon，简称亚马逊)，是美国最大的一家网络电子商务公司，位于华盛顿州的西雅图。它是网络上最早开始经营电子商务的公司之一。亚马逊成立于 1994 年，起初只经营网络的书籍销售业务，现在则扩展了范围相当广的多种类型的产品，已成为全球商品品种最多的网上零售商和全球第二大互联网企业，国际货源丰富，买家遍布全球。

4. Wish

Wish 于 2011 年成立于美国旧金山，是一款基于移动端的 App 商业平台。起初，Wish 只是向用户推送信息，并不涉及商品交易；2013 年，其升级成为购物平台。Wish 的系统通过对买家行为等数据的计算，判断买家的喜好，并且选择相应的产品推送给买家。与多数电子商务平台不同，Wish 上的买家不太会通过关键词搜索来浏览商品，更倾向于无目的地浏览。这种浏览方式是美国人比较容易接受的，超过六成的 Wish 平台用户位于美国、加拿大及一些欧洲国家。

5. 敦煌网

敦煌网（dhgatem）是全球领先的在线外贸交易平台，是国内首个为中小企业提供 B2B 网上交易的网站。敦煌网于 2004 年创立，致力于帮助中国中小企业通过跨境电子商务平台走向全球市场，为其开辟一条全新的国际贸易通道，让在线交易变得更加简单、安全、高效。

📋 课程思政

在"一带一路"倡议的背景下，我国跨境电商获得了更广阔的空间，尤其是"一带一路"倡议的主要辐射地区，跨境电商的发展较为明显。"一带一路"倡议通过深度挖掘对外区域合作，引起了"一带一路"共建国家和地区对我国跨境电商的高度关注。

>>>想一想：什么是"一带一路"？"一带一路"有何社会价值？

_____

_____

_____

📖 学有所思

通过对跨境电子商务相关内容的学习，请说一说你对跨境电子商务的理解。

_____

_____

_____

_____

_____

模块三　农村电子商务

随着农村基础设施的不断完善，电子商务在农村迅速崛起，通过网络平台覆盖农村的生产、销售、供应等各个环节，为农村提供包括信息、交易、结算、运输等全流程电子商务服务。农村电子商务，简称农村电商，在发展中已逐渐形成了遍布县、镇、村的网络服务体系，有效破解了农村在销售、消费、创业、产业集聚、城乡一体化等方面的问题。

（一）农村电商概述

农村电商作为我国农村地区的新兴产业，是推动实现精准脱贫、乡村振兴的重要手段，不仅能够推动我国农业的发展，还能提高各地农产品的知名度和竞争力，助力新农村建设。

1. 农村电子商务定义

农村电子商务是指利用因特网、计算机等现代信息技术，为从事涉农领域的生产经营主体提供在网上完成产品或服务的销售、购买和电子支付等业务交易的过程。这种新的电子模式能推动农业的生产和销售，提高农产品的知名度和竞争力，是新农村建设的催化剂。

首先，农村电商要让农民受益，不是简单地让农民进行网购，更多的是要提供各种生产、生活上的便利，让农民和城镇居民一样享受互联网时代的方便与快捷。其次，农村电商需要考察落地区域的经济现状，因地制宜地推动工业品和农产品的双向流通，促进当地县域经济的发展，让农民能够增收减负，逐步减小城乡之间的差距。最后，农村电商还应当响应国家号召，承担一定的社会责任，协助县级政府开展电商扶贫事业，让更多的贫困地区、贫困人口能够受益。

2. 农产品电商

农产品电商是农村电商的重要组成部分，近年来持续受到各方关注。当前，农产品电商对打开农产品市场、促进农户增收、带动农村经济发展起着积极的作用，消费者对农产品电商的接受程度也越来越高。

随着大数据、互联网、云计算、区块链、人工智能等多种新技术的发展，农产品的交易更便利、成本更低、效益更高，农产品电商朝着数字化的方向发展，不仅提高了农产品电商的运营效率，还进一步提升了消费者的购物体验。

（1）数字化生产

物联网、5G、人工智能等技术的应用，使得农业生产资料、生产过程实现数字化，有效促进了农产品的标准化生产，还能准确记录农产品种植、生产流通的全过程，并纳入开放信息平台，再加上种植主体及经营主体认证机制的完善，农产品电商全面实现了农产品溯源管理，使产销两端可以通过线上对接，为消费者提供优质的数字化农产品。

（2）数字化物流

近年来，阿里巴巴等电子商务企业大力推动农产品电商数字化物流的发展。例如，阿里巴巴为实现农业"最后一公里"，持续投入大量资金，建成了超过 1000 个菜鸟乡村物流县域共配中心。2019 年，"菜鸟乡村"启动了农村快递物流智慧共配项目，该项目以"快递共配+农货上行"为核心，向县域快递企业提供技术、管理、商业方面的解决方案，有效提高了农村快递共配体系的工作效率，并降低了物流成本。

（3）数字化销售

在农产品电商中，商家可以通过分析消费者的购买数据和评价数据来获取真实、全面的反馈，并将反馈传递给供应链各方，从而为有针对性地提升农产品的品质和服务质量提供决策依据。同时，凭借高科技手段，农产品数字化已成为可能，商家可以为消费者提供更直观、可靠的农产品信息，助力农产品销售。此外，直播的兴起还给农产品电商的销售场景带来了巨大的变化，消费者通过手机便可观看到农产品采摘、加工等场景，从而买得更放心。

（二）农村电子商务分类

农村电商发展至今，已经形成了丰富多样的形式，按照不同的分类标准可以把农村电商划分为不同的类型。

1. 根据商品流通方向分类

根据商品流通方向分类，农村电商可分为输出模式和输入模式。

输出模式是指将农产品、手工产品、加工产品、特色旅游等资源从农村向外部市场输出的模式。该模式是当前主要的农村电商模式，依托当地特有的资源，走标准化、品牌化发展路径，以增加商品的附加值和市场竞争力为重点，致力于解决农产品滞销问题，实现农户收入的增加。

　　输入模式是指将商品、服务等向农村输入的电商模式。这种模式一般会在县域设立县级服务中心，在乡镇建立服务站点，进而通过完善的服务中心和服务站点向农村输入生活用品、服务项目等，让互联网的发展成果惠及广大农户。

2. 根据服务对象分类

　　根据服务对象分类，农村电商可分为农资电商、农产品电商、农村金融电商和农村旅游电商。

　　（1）农资电商

　　农资即农用物资，属于农业生产资料，一般是指在农业生产过程中用以改变和影响劳动对象的物质资料和物质条件，如农药、化肥、种子、农膜、农用器械（包括农业运输机械、生产及加工机械）等。农资电商就是涉及农资的电子商务。目前，我国主要的农资电商平台包括大丰收农资商城、淘农网、惠农网等。

　　（2）农产品电商

　　农产品电商是指在农产品生产、销售、管理等环节全面导入电子商务系统，利用信息技术发布与收集供求、价格等信息，并以网络为媒介，依托农产品生产基地与物流配送系统，实现快速、安全的农产品交易与货币支付的新型商业模式。

　　（3）农村金融电商

　　农村金融电商是货币、信用等金融行业与"三农"（农村、农业、农民）、互联网相结合的产物，涉及与"三农"相关的互联网信贷、供应链金融、账户预存款、支付工具、移动支付等一系列金融业务。例如，阿里巴巴和京东依托积累了大量信用数据的电子商务平台，从自有的或合作的金融机构处获取资金，为涉农企业提供网上借贷业务。

　　（4）农村旅游电商

　　农村旅游电商是电子商务与农村旅游相结合的产物。简单来说，农村旅游电商是在旅游电商的基础上加入乡村元素，是旅游电商在农村地区的应用。

（三）常见的农村电子商务平台

　　农村电商作为一种新颖的电子商务模式，主要依靠农村电商平台实现商品的出售和购买。农户先在农村电商平台上展示相关农产品，然后消费者在平台上下单，再经物流连接线上和线下，将农产品送达目的地。目前，我国农村电商的常见平台主要有拼多多、乐村淘等。

1. 综合电商平台

此类综合性电商平台凭借自身的超级互联网入口地位，涉足农产品电商业务，如阿里巴巴、京东、拼多多等。

淘宝网拥有数亿的注册用户数，是国内最大的电商平台，也是人们进行网络购物的首选平台之一。入驻淘宝的流程也十分简单。入驻完成后，农户就可以上传商品图片和介绍了，可参考同类产品的商家店铺的布局，农产品包装可以去 1688 上购买或定制，快递则要农户去联系。此外，淘宝上线农产品频道，涵盖了种子、农药、农机、肥料、兽药、饲料等农资产品，致力于改造农资行业多级经销商层层加价的模式，产品由厂商直接供货，同时从准入机制、店铺保障金、售后周期等方面提高保障能力。

2015 年 7 月 17 日，京东正式宣布进入农村电商，农资是第一步。目前京东所售种子均为京东"入仓式"自营，同时还支持商家一起做协同仓储。对于农药和化肥领域，京东还处于探索期，现主要通过平台入驻形式经营，如与金正大合作，构建农商 1 号农资平台已于 2015 年 7 月底上线，覆盖农药、化肥、种子等产品，生产企业直接供货。此外，京东计划推出厢式、货车式移动仓进村镇，以线下实体赶大集的活动为载体，实现线下下单，现场提货服务，这种"纯线下"的做法也极具想象力。

拼多多是电商里兴起的新贵，尤其是在农产品电商领域，已有不少商家入驻。这里的商品非常便宜，通过社交裂变的形式，实现薄利多销，对于一些滞销产品来说，销售效果很好。

如今，很多公司都上线了有赞的小程序，另外有赞也有类似阿里巴巴的供货平台，在这里农户可以寻找大量有赞商家来分销农产品，包括对接一些大的自媒体资源等。

2. 垂直型农资电商平台

该类电商平台专注于农资领域，目标客户明确，能轻易实现同类产品之间的比价、比货功能，注重客户服务，主要由农资生产商、供应商入驻，面向各类农业经营主体。

惠农是一个典型的农产品电商交易平台，用户只需注册登录，上传自己的农产品信息，等待客户咨询和购买就可以了。惠农拥有全国各地的农产品信息，而且几乎全是产地供货，价格非常低廉，可以帮农户发现许多商机。

一亩田成立于 2011 年，是一家基于移动互联网技术、深耕农产品产地、促进农产品流通效率的互联网公司。成立以来，它着眼于全品类农产品，打造全国领先的农业互联网综合服务平台。平台定位于推动"农产品进城"，致力于"让每一亩田更有价值"。截至

2020年12月，一亩田平台已经覆盖全国2800个县的1.2万种农产品品类，用户数量达到3000万，是移动端App用户数量最多的农业电商平台。

"云农场"的电商模式能直接让农民从厂家采购农资（品类齐全，涵盖了化肥、种子、农药、农机等），并提供农技服务。它于2014年2月上线，自营与商户入驻各占半壁江山，已有400家农资企业入驻、2800多个产品，市场覆盖全国区域达3万亩土地，采用村站模式，贴地面发展用户，并在基层设立服务站帮助农民下单。目前，云农场已成为集农村电商、农村物流、农技服务、农村金融、农民社交等多个领域于一体的综合性农资服务平台，未来其通过网上交易大数据产生的价值将更具竞争力。

"农一网"是由中国农药发展与应用协会发起，联合辉丰股份等国内四家业内知名农药企业共同投资组建的以农药为主的农资类电商平台。它于2014年11月上线，已经有40多个品牌入驻。其服务方式为在基层成立"代购人员"帮助农民下单，而传统经销商成为农一网会员后只负责配送和售后服务，免去了以往有农民赊销的负担。

此外，易农优选、农资大市场、拜农网、龙灯电商等皆是平台化运营，但各家特色不一，如易农优选、农资大市场选择种田大户为客户群，以走量为主，不接受单个订单，只有订购的数量达到物流标准才可以派送。

3. 专注农村市场的电商平台

除了综合性电商平台在开拓农村电商细分市场外，还有一类农村电商，其创业伊始就只做农村生意，产品往往不限于农资下乡，同时引导农产品上行。还有部分农村电商只做区域电商，销售农资的同时还会覆盖生活用品。其优势在于针对细分客户，在用户体验及需求上把握更精准。区域电商还在降低交易成本、减少库存方面占据先机，当然其劣势也很明显，产品品类有限，无法满足消费者定制化及宽品类需求。

点豆网于2015年5月21日正式上线，一期投资20亿元，覆盖山东、海南、新疆等100个县。其平台主要整合农资（农药、化肥、种子、农机及日用品等）输入、农村农产品输出、农村物流、农村金融等农业产业链，其服务方式为设立"一村一站"，利用扁平化销售模式让商品直达于农户。

农资哈哈送于2014年上线，是针对河南、河北、安徽、山东农村等地的大型农资、日用品整合购物平台，在县城设立代购店，在村级设置代购员。此外，区域电商"好汇购"则主要针对吉林省推广农资、日用品及医药下乡、农产品上行服务。"星润农资"等农村电商则主要采用O2O模式整合原有线下农资店、乡镇日用品超市进行网络销售并提供物流配送。

4. 老牌农资企业的电商路

面临电商大潮，传统农资企业都采取了积极的行动。"+互联网"模式对于传统农资企业有着得天独厚的优势，其成熟的物流、营销系统、品牌口碑、服务体系以及因长期扎根基层而对消费者需求的了解等方面都是非农资基因电商无法比拟的。对于广大农资企业而言，电商其实只是传统销售渠道的升级。

鲁西集团的电商网站"中国购肥网"于2013年上线，为传统渠道增加了产品直销的方式。电子商务渠道的产品、物流、服务都是由鲁西公司原有的经销商网络负责，传统的销售渠道并未改变。目前，其网上的销量只占到总销量的很小一部分，大部分农户购肥还是通过传统渠道。

中化集团下属中化化肥有限公司的买肥网于2014年7月上线，主要为其现有的核心经销商提供在线的B2B电子商务交易平台，该电商平台基于其提高效率的需求，实现公司与核心经销商在交易各环节中的业务信息透明化和数据实时共享，客户需求可以真实、直接地反馈到工厂，从而有效缩短购货流程，提高供应链整体效率。

大北农借"三网一通"转型综合服务商，提出智慧大北农战略，通过猪管网、农信商城、农信网为客户提供一站式服务，用互联网创造农业新生态。其农信商城是大北农网上直营店，主营饲料、兽药、疫苗、种子、农化产品等。

此外，芭田股份、司尔特、史丹利、心连心、金正大、新希望、中农控股等老牌农资企业都在加快进军电子商务的步伐。

5. 服务导向型农资电商

农资行业的特殊之处在于农资产品使用技术复杂，产品效果受环境因素、操作技术影响大，需要配套的售前售后服务。不同于以上各类电商以销售产品为主，信息服务先导型平台以提供服务为主，整合了技术服务、商务服务和平台服务，有的以论坛形式发起，有的提供免费移动信息服务终端。此模式可以有效集聚客流，提高产品精准投放率，同时打造良好用户体验，满足农户对基础服务的需求。

中农问科技(北京)有限公司负责开发的手机App"农医生"于2014年11月上线，是免费信息服务终端。目前平台认证专家达到10万人，注册用户突破500万。该平台整合农机专家、植保专家，能在线免费、快速、准确解决农民种植过程中遇到的各类难题。其产品不断更新迭代，增加了如病虫草害图谱、农资产品查真伪、查找附近农资店等功能，提升了用户体验，目前平台初期还未有盈利倾向。

　　益农宝是浙江农资电商平台的移动客户端，是一个集信息整合、农机在线、庄稼医生、农资 4S 店于一体的多功能信息终端，为农户提供植物营养解决方案的同时能实行精准营销。

　　农产品相关的电商平台较多，但只有真正对农产品生产、农资、农业技术、农产品上行销售等提供支持，推动农村农业发展，保障农民利益的平台才能持续发展。

📖 **学有所思**

　　通过对农村电商相关内容的学习，请说一说你在哪些平台上买过农产品，这些平台有何特点？

_____

_____

_____

_____

☑ **自学测试**

1. 单项选择题

(1)跨境电子商务不可缺少的部分是(　　)。

　　A. 跨境物流　　　　　　　　　　B. 跨境电商平台

　　C. 跨境支付　　　　　　　　　　D. 以上都是

(2)下列属于社交内容电商平台的是(　　)。

　　A. 敦煌网　　　　B. 蘑菇街　　　　C. 速卖通　　　　D. 天猫国际

(3)农村电商不包括(　　)。

　　A. 农资电商　　　　　　　　　　B. 农产品电商

　　C. 农村旅游电商　　　　　　　　D. 农村移动金融电商

(4)下列选项中不属于直播电商特点的是(　　)。

　　A. 实时性　　　　B. 真实性　　　　C. 娱乐性　　　　D. 直观性

(5)在整个跨境电子商务中的占比最大，约占整个电子商务出口 90% 的是(　　)。

　　A. B2B　　　　B. B2C　　　　C. C2B　　　　D. C2C

(6)以下(　　)是垂直型跨境电子商务平台。

　　A. 亚马逊　　　　B. eBay　　　　C. 蜜芽　　　　D. 速卖通

(7)跨境电子商务主要的交易模式有 B2B、B2C、C2C，其中 B2C 是指(　　)。

    A. 企业对个人　　　　　　　　　　B. 企业对企业

    C. 个人对个人　　　　　　　　　　D. 企业对政府

(8)下列关于跨境电子商务的说法错误的是(　　)。

    A. 区域链技术能够对产品进行溯源，提高消费者的信任度，促进跨境电子商务良性发展

    B. 我国涉及跨境电子商务政策制定的部门主要有国务院、海关总署、商务部、国家发展和改革委员会、财政部、国家税务总局、国家市场监督管理总局和国家外汇管理局等部门

    C. 跨境 B2B 和跨境 B2C 发展不是彼此孤立的，而是相互影响、相互促进的

    D. 1999 年，中国跨境电子商务进入 1.0 阶段，消费者能够通过互联网在线购买商品

2. 多项选择题

(1)跨境物流的方式主要包括(　　)。

    A. 国际小包　　　B. 国际快递　　　C. 专线物流　　　D. 海外仓

(2)农产品电商的数字化发展包括(　　)。

    A. 数字化生产　　　B. 数字化物流　　　C. 数字化销售　　　D. 数字化支付

(3)社交电商的运营重点有(　　)。

    A. 熟人关系　　　B. 互动关系　　　C. 交易关系　　　D. 信任关系

(4)直播电商的关键组成要素有(　　)。

    A. 人　　　　　　B. 货　　　　　　C. 场　　　　　　D. 转

(5)跨境电子商务的参与主体有(　　)。

    A. 通过第三方平台进行跨境电子商务经营的企业和个人

    B. 跨境电子商务的第三方平台

    C. 物流企业

    D. 支付企业

(6)下列(　　)是跨境电子商务的新特点。

    A. 多边化　　　B. 大批量　　　C. 透明化　　　D. 品牌化

(7)跨境电子商务呈现(　　)发展趋势。

    A. 产业生态更完善

    B. 产品更加多元化

    C. B2C 占比提升，B2B 和 B2C 协同发展

D. 移动技术成为跨境电子商务发展重要动力

(8)下列有关跨境电子商务分类的表述,正确的是(　　)

　　A. 以服务类型进行分类,跨境电子商务可分为 B2B 跨境电子商务、B2C 跨境电子商务和 C2C 跨境电子商务

　　B. 兰亭集势属于自营型跨境电子商务平台

　　C. 环球资源网属于信息服务平台

　　D. 洋码头属于出口跨境电子商务平台

(9)下列有关跨境电子商务发展环境的表述,正确的是(　　)。

　　A. 从 2015 年开始我国出口总额已经持续两年负增长

　　B. 2017 年年底,财政部发布《关于调整部分消费品进口关税的通知》,将以暂定税率降低部分消费品进口关税

　　C. 2017 年 12 月,工业企业亏损企业数较 2016 年有所下降,国内经济形势向好

　　D. 尽管非洲中部、亚洲南部的大部分地区的互联网参与率仍相对较低,但这些地方的互联网普及率也是增长最快的

3. 简答和分析题

(1)请简要说明跨境电子商务与传统国际贸易的区别?

(2)跨境电子商务给我国企业和消费者带来了哪些好处?

(3)选择跨境电子商务平台应该从哪些方面进行考量?

(4)新零售行业分布领域有哪些?

(5)在移动互联网时代,为什么说新零售是大势所趋?

(6)农村电商兴起的原因是什么?

(7)农村电商想要进一步发展,需要注意哪些问题?

项目实训

项目背景

　　小莉通过系统的学习,对电子商务有了全面的认识,她打算通过上网浏览跨境电商平台和淘宝网的开店流程,进一步理解和掌握电子商务的应用技术。

任务一 系统认识跨境电商

第一步，小莉准备了解不同的跨境电子商务平台，以期能正确区分跨境电子商务平台的不同类型及其特点，为更好地开展跨境电子商务活动打下坚实的基础。

操作指南：

根据跨境电子商务的不同模式，选取典型平台并了解其特点，归纳并总结其优势与劣势，然后完成下表。

跨境电子商务		平台名称	优势	劣势
以交易为主体	B2B			
	B2C			
	C2C			
以服务类型分类	信息服务平台			
	在线交易平台			
	综合服务平台			
以平台运营方式分类	第三方开放平台			
	自营平台			
以进出口方向分类	进口跨境电商平台			
	出口跨境电商平台			

实训提示：

同一平台按不同的分类方式，其所属的类别不同，如 Wish 以服务类型进行分类，属于"在线交易平台"，而以平台运营方式进行分类，它属于"第三方开放平台"。因此，在填写表格时，注意不要重复。

实训步骤:

(1)打开百度搜索引擎,逐一输入代表跨境电子商务类型的词语,如"B2B 跨境电子商务平台",根据搜索结果选出代表性平台(网站),并将其名称填入表中。

(2)单击链接进入平台(网站),进行浏览。

(3)了解平台特色,并总结不同跨境电子商务平台的优势及劣势,填入表中。

任务二　掌握淘宝网店开设流程

任务描述

　　第二步,小莉准备深入了解淘宝网的功能,掌握在网上开店的步骤。

实训步骤:

登录"淘宝网(www. taobao. com)",进入卖家中心,查看"新手卖家快速开店 5 步骤";或者通过"卖家中心"→"卖家培训中心",进入淘宝大学(http://daxue. taobao. com),搜索网上开店相关课程并查看"网上开店步骤"相关内容。

【要求】记录网上开店的流程,填写下表。

步骤	具体操作	主要操作
1	注册淘宝账户(填写个人信息→激活邮件→注册成功)	
2	支付宝账户绑定	
3	支付宝实名认证	
4	淘宝开店认证	
5	创建店铺	

🔲 项目总结

通过对本章的学习，我的总结如下：

一、主要知识

1.

2.

3.

4.

二、主要技能

1.

2.

3.

4.

三、成果检验

1. 完成任务的意义：

2. 学到的知识和技能：

3. 自学的知识和技能：

4. 对农村电商和新零售发展的判断：

项目九　电子商务行业应用

项目介绍

本项目主要介绍电子商务在不同行业的应用，包括在线协同办公、智慧旅游、在线教育和互联网医疗等内容，深度还原电子商务的发展与应用对于传统办公、旅游、教育和医疗领域的信息化升级改造，通过信息化、数字化的系统赋能，系统办公、智慧旅游、在线教育、互联网医疗形成了全新的业务形态以及服务模式和商业模式。

本项目的实践任务主要是考察学习者对电子商务行业应用的理解以及对目标信息的梳理、收集、整理能力，引导学习者通过对传统办公和在线协同办公、传统线下教育和在线教育两组新旧模式的比较分析，考察学习者对信息的理解能力、分析能力和提炼能力。

学习目标

(1) 了解协同办公的定义、发展和社会价值；

(2) 熟悉协同办公的部署流程和关键点；

(3) 了解智慧旅游的定义、特点和社会价值，以及其应用领域与特征；

(4) 了解在线旅游的定义、特征和优势；

(5) 了解互联网医疗的定义、发展阶段和产业链结构；

(6) 掌握电子商务行业应用的相关概念；

(7) 掌握电子商务行业应用信息的筛选、分类与提炼方法。

知识结构

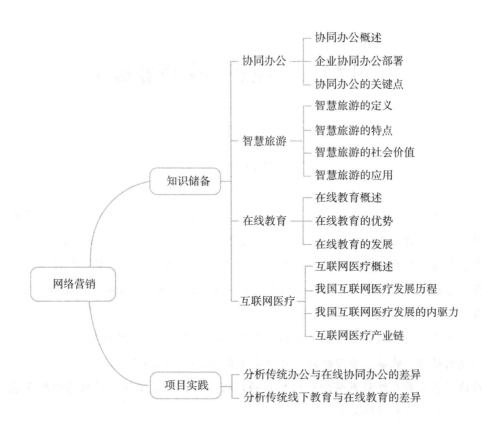

网络营销
- 知识储备
  - 协同办公
    - 协同办公概述
    - 企业协同办公部署
    - 协同办公的关键点
  - 智慧旅游
    - 智慧旅游的定义
    - 智慧旅游的特点
    - 智慧旅游的社会价值
    - 智慧旅游的应用
  - 在线教育
    - 在线教育概述
    - 在线教育的优势
    - 在线教育的发展
  - 互联网医疗
    - 互联网医疗概述
    - 我国互联网医疗发展历程
    - 我国互联网医疗发展的内驱力
    - 互联网医疗产业链
- 项目实践
  - 分析传统办公与在线协同办公的差异
  - 分析传统线下教育与在线教育的差异

学习计划

小节内容		协同办公	智慧旅游	在线教育	互联网医疗
课前预习	预习时间				
	预习自评	难易程度 　□易　　□适中　　□难 问题总结：			
课后巩固	复习时间				
	复习自评	难易程度 　□易　　□适中　　□难 问题总结：			

知识储备

模块一　协同办公

案例引入

随着疫情的影响，人们的办公方式也在悄然间发生变化，"家"和"办公室"的界限开始变得模糊，脱离线下办公场景后每个人都成了信息孤岛，如何把这些"孤岛"连接起来，成为企业的共同需求，而这恰恰也为协同办公提供了成长的沃土。协同办公平台趁势快速圈地发展。

疫情总会过去，但协同办公的渗透却不可逆，尤其是"混合办公"趋势初显。此前，2022年2月中旬携程将推出"3+2工作模式"的新闻冲上热搜：从3月起，在线旅游平台携程集团允许其员工在每周三、周五在家远程办公，这在国内引发热议。国外一些头部高科技公司，如亚马逊、谷歌、微软等开始把远程办公常态化、制度化，每周只要求员工来公司几天。

>>>想一想：疫情加速了在线协同办公市场的发展，而除了疫情影响外，协同办公市场的兴起还有哪些驱动因素？

_____

_____

_____

（一）协同办公概述

"协同"一词指两个或两个以上的不同资源或者个体共同完成某一任务的过程或能力。协同并不是一种新鲜事物，早在原始社会，协同状态就已经存在。随着互联网和数字化技术的发展，协同办公已成为一种较为成熟且得到人们认可的办公状态。

1. 协同办公的定义

协同办公又称办公自动化（Office Automation，OA）是将计算机、通信等现代化技术依托智能设备(如智能手机、笔记本电脑、平板电脑等)融入传统办公模型,进而形成的一种新型办公方式。具体而言,它指利用智能设备和信息技术优质而高效地处理办公事务和业务信息,实现对信息资源的高效利用,进而达到提高生产率、辅助决策的目的,最大限度地提高工作效率和质量、改善工作环境。

我国5G、WIFI网络的不断普及,以及移动智能终端用户数量的不断攀升,推动着人们正从传统的OA办公,走向更高要求的移动协同办公。协同办公平台实际上是协同应用软件的开发平台和运行支撑平台,同时为协同应用提供协同工具和协同引擎服务。

随着企业对协同办公要求的提高,协同办公的定义随之扩展,被提升到了智能化办公的范畴。大多数企业不仅需要综合性管理应用平台具有日常办公、资产管理、业务管理、信息交流等常规协同功能,在即时沟通、数据共享、移动办公等方面也提出了更进一步的需求,期望能实现低成本、高性能、高整合、智能化管理,因此形成了一系列的协同办公系统。

2. 协同办公的发展历史

(1)起步阶段(1985—1993年)

此阶段以结构化数据处理为中心,基于文件系统或关系型数据库系统,使日常办公也开始运用IT技术,提高了文件等资料的管理水平。这一阶段实现了基本的办公数据管理(如文件管理、档案管理等),但普遍缺乏办公过程中最需要的沟通协作支持、文档资料的综合处理等,导致应用效果不佳。

(2)应用阶段(1993—2002年)

随着组织规模的不断扩大,组织越来越希望能够打破时间、地域的限制,提高整个组织的运营效率,同时网络技术的迅速发展也促进了软件技术发生巨大变化,为OA的应用提供了基础保证。在这个阶段,OA的主要特点是以网络为基础、以工作流为中心,提供文档管理、电子邮件、目录服务、群组协同等基础支持,实现了公文流转、流程审批、会议管理、制度管理等众多实用的功能,极大地方便了员工工作,规范了组织管理,提高了运营效率。

(3)发展阶段

OA应用软件经过多年的发展已经趋向成熟,功能也由原先的行政办公信息服务,逐步扩大并延伸到组织内部的各项管理活动环节,成为组织运营信息化的一个重要组成部分。同时,市场和竞争环境的快速变化,要求办公应用软件具有更多的功能,客户将更关注如何方便、快捷地实现内部各级组织、各部门以及人员之间的协同、内外部各种资源的有效组合以及为员工提供高效的协作工作平台。

3. 协同办公的社会价值

(1) 规范管理，提高工作效率

通过工作流系统，员工不用拿着各种公文会签、计划日志、单据、用款报销等工作流程审批文件在各部门之间跑来跑去，等候审批、签字、盖章，这些工作都可以在网络上进行，一些处理起来弹性大而不易规范的工作流程也可变得井然有序。同时，由于系统设定的工作流程是可以变更的，能随时根据实际情况来调整不合理的环节，为企业流程的重组提供有效的支持。

(2) 节省企业运营成本

OA 平台最主要的特点之一是实现无纸化办公，无纸化办公节约了大量的纸张及表格印刷费用，工作审批流程的规范可为员工节省大量工作时间，完善的信息交流渠道甚至可以大幅降低电话费及差旅费用。

(3) 消除信息孤岛、资源孤岛

OA 协同办公平台的协同性可以彻底消除由于企业内部各业务系统相互独立、数据不一致，信息共享程度不高、管理分散，管理维护工作量大等因素形成的一个个"信息孤岛""资源孤岛"现象。

(4) 促进知识传播

OA 平台有利于实现企业对其最重要资产——知识的高效管理、积累沉淀、传播、应用，完全摆脱因人员流动而造成的知识流失。

(5) 提高企业竞争力、凝聚力

OA 协同办公平台让员工与上级沟通很方便，信息反馈畅通，为发挥员工的智慧和积极性提供了舞台，有助于增强企业的内部凝聚力。

(二) 企业协同办公部署

企业的协同办公管理转型往往牵一发而动全身，如果想稳步推进企业数字化改革，可以从构建数字化组织体系开始，再完善常见场景下的协同办公体系，并逐步构建数字化应用开发与数据管理体系等。

1. 构建数字化组织体系

这是企业和组织迈入数字化管理的第一步。企业和组织的数字化转型依赖于转型战略的实施，而战略实施需要具体的人员来施行，因此，必然需要对原有的组织进行调整，才能适应新模式下的新情况。

具体来说，一方面，企业和组织可以先成立专门的数字化管理转型小组，对领导者、执行者等角色进行基本的任务划分，并制订相应战略方针；另一方面，将组织成员信息导入数字化平台，对组织成员分层、分级，初步搭建一个包含数字化通讯录、权责分明的数字化组织架构等在内的数字化组织。

2. 构建数字化沟通体系

接下来，需要在企业和组织内构建一个可切实落地的数字化沟通体系。设计者可以依照时间线、空间线等，对各不同的沟通场景进行梳理，并找到适合不同场景的线上工具。从时间线或空间线对所有数字化沟通体系的应用场景进行串联，保证各环节都有相应的实施办法。

具体而言，数字化沟通体系应当至少包含：①数字化沟通平台；②数字化沟通群组；③方便好用的群工具；④可保障数字化沟通安全的加密工具及环境，等等。

3. 构建数字化协同体系

除数字化组织与沟通体系外，为便于各部门及成员联合开展各项工作，还应当在企业和组织内搭建数字化协同体系。

具体而言，数字化协同体系应包含：①对组织成员进行标签设定；②搭建文件协同平台；③搭建规范的线上会议流程；④选择合适的项目管理工具；⑤创建数字化工作记录平台，等等。

4. 协同办公系统类型

协同办公平台是协同办公的核心部分，主要面对有分支机构的大中型企事业和政府机关单位，主要作用是把总部和全国的分支机构连接起来进行统一管理，以系统化手段规范全体员工的工作。领导可以在任意一点掌控全局，监控企业运行，从而达到提升管理、防范风险的目的；同时利用协同办公平台作为信息化平台，使各种信息数据能共享使用，减少信息孤岛，充分发挥信息化带来的实际作用。

协同办公平台的功能主要包括任务管理、公文管理、档案管理、新闻管理、内部信息、会议管理等功能模块，符合企事业单位的办公习惯和特点，能让用户轻松地完成日常办公工作，并且在协同办公平台中实现痕迹保留、手机短信、数据接口等 OA 领域技术。

深入协同办公赛道来看，其主要分为三股势力，如图 9-1 所示。一是以定制化服务为主，多以私有部署形式为企业提供服务的传统老牌 OA 厂商，以泛微、致远、蓝凌、华天动力等为主；二是针对垂直场景的协同办公软件，常作为企业工具与其他软件共同使用的垂直办公平台，以石墨文档、金山文档、有道云笔记以及音视频会议类的 Zoom、腾讯会议等为主；三是深入企业的组织管理体系，整合内部各类业务系统，从企业的日常工作和管理工作出发，实现流程审批、即时沟通、文件管理与传递等需求的综合协同办公平台，如 360 织语、钉钉、飞书、企业微信等。而这类企业因为浓厚的互联网背景，也被称为"互联网新势力"。

图 9-1　协同办公的三股势力

📟 课程思政

2021 年之后，传统的 OA 办公走向更高要求的移动协同办公。中国协同办公市场正处于爆发阶段，无论从市场热度还是产业成熟度来看，都发生着日新月异的变化。iiMedia Research 数据显示，2021 年中国协同办公市场规模达 264.2 亿元，市场持续稳步增长。中国数字经济助推高质量发展，企业数字化转型已成定势。预计 2021—2023 年，中国协同办公行业将保持每年 10% 以上的增长率，2023 年的市场规模将达 330.1 亿元。艾媒咨询的分析师认为，在企业降本增效诉求不断凸显的环境下，低代码和零代码开发平台迎来增量市场，互联网头部厂商纷纷入局，率先进入 3.0 模式，将进一步推动政企数字化转型的进程，低代码、零代码成为协同办公的价值增长点。

>>>想一想：协同办公行业迅猛发展的驱动力有哪些？

_____

_____

_____

(三) 协同办公的关键点

协同并不是一件容易的事，尤其是参与协同的基数越来越大时，例如，大型全国性集团或跨国公司要组织多人参与共同完成一个项目或任务，协同就有着一定的复杂性。近几年，协同办公在技术上也有所发展，出现了 OA、ERUP、钉钉等不同的协同办公软件和系统，能够助力企业实现在人员、文件、会议、工作流等方面的协同，极大地提升了办公效率。

1. 协同办公实施的关键点

数字化协同是指利用数字化软件和技术实现企业的协同办公。总的来说，数字化协同有以下特点，如图 9-2 所示。

第一，连接。依托数字化办公平台，企业可以实现连接不同地区、不同级别的员工及资源，实现实时在线的人员沟通和资源调度。

第二，共享。数字化协同的一个重要特点是共享。企业依靠数字化管理平台可以实现员工之间的信息共享、会议共享、文档共享以及资源共享，并能根据需求设置共享范围，提高信息的触达和沟通效率。

第三，协同。协同办公的核心还是在于协同，线上的数据协同和人员协同管理是提升企业协同工作效率的重要因素。

第四，智能。数字化协同下的办公管理不是人工的、机械化的协同办公，而是智能化、信息化的协同办公，利用一些智能化系统和程序来实现更多功能。

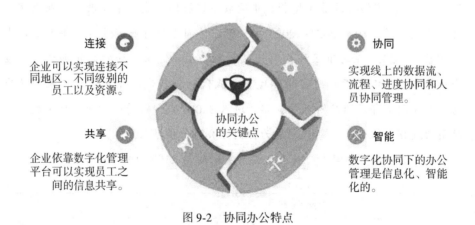

图 9-2　协同办公特点

2. 人员协同

协同办公的基础在于人员协同，人员协同也是文件协同、会议协同和工作流协同的前提。前文所讲的数字化组织管理和数字化沟通管理，基本上已经为人员协同提供了基本的框架和平台，企业或组织成员通过在线实现业务上的协同工作，达到各个任务之间的相互支持。员工也好，管理层也好，在协同办公平台中就能看到与公司相关的信息发文，处理与自己关联的工作及关注的其他工作，同时可以实现有效沟通，管理层也能在同一平台中查阅业务数据，做流程批复或决策。

3. 文件协同

文件协同是企业人员通过平台上的在线文档、表格、脑图等工具实现工作的实时在线和多人同时编辑。文件协同可以极大减少中间过程的信息收集和传递的时间，提高沟通效率，减少工作误差。例如，以"钉钉"为例，"十一"黄金周期间为了统计所有员工的加班情况，企业 HR 不需要逐个地向员工询问和收集信息，只需要在钉钉中制作好表格，一键发送到工作群内，提醒所有人在线填写即可。

4. 会议协同

线上会议使得不同地区之间的工作人员可以同时进入会议，极大地降低了传统线下会议的交通成本、沟通成本以及时间成本。例如，钉钉平台上的"发起会议"功能能够发起会议预约并能有选择地添加参会人，还可以提前设置会议流程并且将流程通知到参会人，在会议中，参会人员还可以用"钉钉闪记"来记录会议要点或录制会议视频，不漏过会议中的关键信息。

5. 工作流协同

工作流是指业务过程的部分或整体环节在计算机应用环境下的自动化，是对工作流程以及各个操作步骤之间业务规则的抽象概括。当一个企业项目涉及多个地区和部门且需要不同工作人员之间接力完成的复杂情况时，工作流协同就显得较为重要。工作流协同常见于消费品行业、制造业、金融服务业以及一些规模较大的集团公司和跨国企业。

工作流协同可以帮助企业员工实现更高效的办公流程，减少中间的沟通和审批时间，使得整个过程和流程一目了然，进度可控。在日常工作中，一些基本的工作流协同包括人事管理、财务管理和行政管理等。例如，钉钉平台的诸多功能可以帮助用户建立标准化的工作流程，实现更简单、更高效的工作流协同处理。

📖 学有所思

通过对协同办公相关内容的学习，请你谈一谈对协同办公的理解，以及使用"钉钉"这款协同办公软件的感受。

_____

_____

_____

_____

_____

模块二 智慧旅游

智慧旅游是随着信息技术发展而衍生出的旅游形式,它基于物联网、云计算等技术的支持,利用新科技和新模式改变着传统旅游行业,高度系统化地整合、开发旅游资源和信息服务,给景区的管理以及游客的出行带来了极大的便利。同时,在大数据的时代背景下,利用网络等资源发展旅游市场,改变了原有的单一旅游方式,促进了旅游文化、景点、城市建设,更新了旅游经营模式,使得人们的旅游消费习惯逐渐向现代化方式转变,开辟出旅游发展新模式。智慧旅游将颠覆传统的旅游方式,带来一个旅游新时代。

(一)智慧旅游的定义

智慧旅游,也被称为智能旅游,即利用云计算、物联网等新技术,通过互联网/移动互联网,借助便携的终端上网设备,主动感知旅游资源、旅游经济、旅游活动、旅游者等方面的信息并及时发布,让人们能够及时了解这些信息,适时安排和调整工作与旅游计划,从而达到对各类旅游信息的智能感知、方便利用的目的。智慧旅游的建设与发展最终将体现在旅游管理、旅游服务和旅游营销三个层面。

"智慧旅游"是一个全新的命题,它是一种以物联网、云计算、下一代通信网络、高性能信息处理、智能数据挖掘等新技术在旅游体验、产业发展、行政管理等方面的应用,使旅游物理资源和信息资源得到高度系统化整合和深度开发激活,并服务于公众、企业、政府等对象的面向未来的全新的旅游形态。它以融合的通信与信息技术为基础,以游客互动体验为中心,以一体化的行业信息管理为保障,以激励产业创新、促进产业结构升级为特色。

(二)智慧旅游的特点

一是全面物联。智能传感器设备将旅游景点、文物古迹、城市公共设施联网,对旅游产业链上下游运行的系统进行实时监测。

二是充分整合。实现景区、景点、酒店、交通等设施的物联网与互联网系统完全连接和融合,将数据整合为旅游资源核心数据库,提供智慧的旅游服务基础设施。

三是协同运作。基于智慧的旅游服务基础设施，实现旅游产业链上下游各个关键系统和谐高效地协作，使城市旅游系统运行达成最佳状态。

四是激励创新。鼓励政府、旅游企业和旅游者基于智慧旅游服务基础设施进行科技、业务和商业模式的创新应用，为旅游行业及整个城市提供源源不断的发展动力。

(三) 智慧旅游的社会价值

智慧旅游的"智慧"体现在"旅游服务的智慧""旅游管理的智慧"和"旅游营销的智慧"三大方面。

1. 旅游服务的智慧

智慧旅游重点关注游客，通过信息技术提升旅游体验和旅游品质。游客在旅游信息获取、旅游计划决策、旅游产品预订支付、享受旅游和回顾评价旅游的整个过程中都能感受到智慧旅游带来的全新服务体验。

一方面，智慧旅游通过科学的信息组织和呈现形式，让游客方便快捷地获取旅游信息，帮助游客更好地安排旅游计划并形成旅游决策。另一方面，智慧旅游通过基于物联网、无线技术、定位和监控技术，实现信息的传递和实时交换，让游客的旅游过程更顺畅，提升旅游的舒适度和满意度，为游客带来更好的旅游安全保障和旅游品质保障。智慧旅游还将推动传统的旅游消费方式向现代的旅游消费方式转变，并引导游客产生新的旅游习惯，创造新的旅游文化。

2. 旅游管理的智慧

智慧旅游将实现传统旅游管理方式向现代管理方式转变。通过信息技术，可以及时准确地掌握游客的旅游活动信息和旅游企业的经营信息，实现旅游行业监管从传统的被动处理和事后管理向过程管理和实时管理转变。

智慧旅游将通过与公安、交通、工商、卫生、质检等部门形成信息共享和协作联动，结合旅游信息数据形成旅游预测预警机制，提高应急管理能力，保障旅客安全。同时，实现对旅游投诉以及旅游质量问题的有效处理，维护旅游市场秩序。

智慧旅游依托信息技术，主动获取游客信息，形成游客数据积累和分析体系，全面了解游客的需求变化、意见建议以及旅游企业的相关信息，实现科学决策和科学管理。智慧旅游还鼓励和支持旅游企业广泛运用信息技术，改善经营流程，提高管理水平，提升产品和服务竞争力，增强游客、旅游资源以及旅游企业和旅游主管部门之间的互动，高效整合旅游资源，推动旅游产业整体发展。

3. 旅游营销的智慧

智慧旅游通过旅游舆情监控和数据分析，挖掘旅游热点和游客兴趣点，引导旅游企业策划相应的旅游产品，有针对性地制定营销主题，从而推动旅游行业的产品创新和营销创新。

智慧旅游通过量化分析和判断营销渠道，筛选效果明显且可以长期合作的营销渠道。智慧旅游还充分利用新媒体传播特性，吸引游客主动参与旅游的传播和营销，并通过积累游客数据和旅游产品消费数据，逐步形成自媒体营销平台。

(四) 智慧旅游的应用

如今，智慧旅游的应用包括三个方面：互联网+旅游、大数据+旅游、物联网+旅游。

1. 互联网+旅游

旅游企业通过互联网进行线上和线下结合，利用公众号和小程序进行常规的互联网宣传营销，如网上购票、网上消费等；还可以通过互联网提升景区内容和体验，如通过 LBS 系统可以获取游客位置，或到了某个景点就可以在公众号(或小程序)里收听该景点的语音介绍，甚至可以通过 AR、VR 提升感官体验。

知识牵引

基于位置的服务 LBS(Location Based Service)被称作为移动定位服务，即通过一组定位技术获得移动终端的位置信息，以移动通信网络和卫星定位系统的结合来实现，实现各种与位置相关的业务。在旅游中基于位置的移动定位服务包括导航服务、位置跟踪服务、安全救援服务、移动广告服务以及相关位置的查询服务等。比如，根据当前定位位置，通过在线旅游服务商的 App 等相关应用，可以查询附近酒店、旅游景点、娱乐设施等相关信息。

互联网+旅游目前对运营带来的帮助较明显：①减少运营成本，一些线下的工作可以转移到线上完成；②提升用户体验，很多景点不需要导游了，用一部手机可以收听所有景点的讲解；③有助于景区实施有效管理，线上数据统计方便了，线上购票后，能有效控制景区的游客量(人多了可以停止售票)；④景区的营销方式更便捷，例如景区自媒体和公众号都可以在线上创造内容，还可以依托公众号集赞就赠送门票等营销活动，极大地拓展了景区营销的方式和渠道。

2. 大数据+旅游

通过大数据技术将所有游客的数据和行为进行分析，为景区产品迭代、运营升级、招商定位，提供战略分析依据。目前，对于旅游大数据的分析，联通、移动等大公司已经深度介入，它们基于当地的手机基站对旅游用户数据采集并进行分析，当游客到达某个地方，就会收到当地的欢迎信息，如欢迎你来到××地方。当游客收到这个信息时，游客的某些资料已经全部采集完毕，如年龄、性别、去过的景点等，这些消费数据都会成为景区运营方分析的核心资料。

大数据+旅游在运营方面的优势是显著的，能让旅游企业更了解自己的旅游产品和市场，以便更好地规划招商业态。

📋 **课程思政**

依托大数据能给景区运营方带来便利，也能提升旅游体验，但是这些都建立在对用户个人基本数据和行为数据采集的基础上。

>>>想一想：景区的大数据使用与用户的隐私保护之间如何平衡，需要从业者怎么做？

---

3. 物联网+旅游

物联网技术在旅游中的应用主要是通过景区内的传感器互相通信，以便让旅游系统便捷、高效地运行。比如，游客有了游览计划，还未到景区，景区内传感器就通过可穿戴设备(眼镜、手环等)提示温度、游览路线。车刚进景区，已指定好停车位，游客在游客中心下车后，自动驾驶根据车位管理系统直接泊车到停车位。而在景区里，如果天气干燥，路边自动喷湿器会定时工作以增加湿度。

物联网给景区带来最大的改变将会是高效节能。所有的能源都是围绕着游客进行启动的。比如，景区到了夜晚，通过热能感应，人到之处就自动亮灯，而其他地方灯光自动调暗至10%，人到了某个景点，投影自动打开并开始讲解，人离开后则全部关闭。运用物联网技术后景区能耗可降低50%以上，未来物联网还将在有效地处理景区垃圾、对景区设备进行有效管理和维护、保障游客人身安全等方面发挥更大的作用。

📖 学有所思

通过对智慧旅游相关内容的学习，请你谈一谈在过往的旅游经历中体验过哪些个性化的服务，它是怎么实现的，运用了哪些技术？

_____

_____

_____

_____

模块三　在线教育

在线教育是以网络为介质的教学方式，利用网络直播技术，学习者与教师即使相隔万里也可以开展教学活动；通过网络视频和网络课件，学习者还可以随时随地进行学习，真正打破了时间和空间的限制。因此，在线教育依托信息技术的功能和特点，能赋予传统教育在教学方法、教学模式、教学评价和教学管理上的创新和发展，给学习者带来更高效、更形象、更直观的学习体验。

（一）在线教育概述

在线教育是指在由通信技术、微电脑技术、计算机技术、人工智能、网络技术和多媒体技术等所构成的电子环境中进行的学习，是基于技术的学习。企业的 E-Learning 是通过深入企业内部的互联网络为企业员工提供个性化、没有时间与地域限制的持续教育培训方式，其教学内容是已经规划的、关系到企业未来的、关系到员工当前工作业绩及未来职业发展目标的革新性教程。

1. 在线教育的定义

在线教育，E-Learning，即通过应用信息科技和互联网技术进行内容传播和快速学习的方法。E-Learning 的"E"代表电子化的学习、有效率的学习、探索的学习、经验的学习、拓展的学习、延伸的学习、易使用的学习、增强的学习。

E-Learning 概念一般包含三个主要部分：①以多种媒体格式表现的内容；②学习过程的管理环境；③由学习者、内容开发者和专家组成的网络化社区。在当今快节奏的文化氛围中，各种机构都能够利用 E-Learning 让工作团队把某些变化转变为竞争优势。企业通过实施 E-Learning 能获得的优势包括：①灵活、便捷，员工可以在任何时间、任何地点进行学习；②通过消除空间障碍，切实降低成本；③提高了学习者之间的协作和交互能力。

2. 在线教育的特征

在线教育既具有"技术"的属性，同时也具有"教育"的属性。因此，它呈现出互联网信息传播所带来的信息化教育传播的特征。

（1）信息传递优势

传统教学采用"师傅带徒弟"式的完全面授方法，会花费大量的人力、物力，也会造成社会资源浪费。网络教学的高速信息传递功能，无疑能极大地节约全社会的信息传递成本。

（2）信息质量优势

在线教育能使教育欠发达地区学生共享优秀教育资源和高质量的教学信息。不可否认的是，作为知识传导者的教师，水平也参差不齐，接受者获得的信息质量也就大有差异。但在线教育可以共享最优秀的教师制作的课件，并能有效保证所传输的信息质量。

（3）信息成本优势

学生可在学校或家中利用在线网上教学平台，按照相关专业的教学安排，根据自身的学习特点和工作、生活环境，进行"到课不到堂"的自主学习。远程教育的低成本运行，带来了教育市场的新变化，满足更多的学生，尤其是贫困学生，以及因谋生而不得闲暇的成人们自主学习的需求。

（4）信息交流优势

现代化的教学方式改变了传统的以老师为主的单向教学方式，形成以学生为主体、老师为主导的"双主"教学方式。教育信息化利用信息技术改变传统的教学模式，实行交互式教学，学生可以通过网上教学平台随时点播和下载网上教学资源，利用网上交互功能与教师或其他学生进行交流，通过双向视频等系统共享优秀教师的远程讲授及辅导，充分利用网络的互动优势开展学习活动。这样一来，每个学生都能自由地发挥创造力和想象力，进而成长为具有探索求新能力的新型人才。

3. 教育的信息化

教育信息化有两层含义：一是把提高信息素养纳入教育目标，培养适应信息社会的人才；二是把信息技术手段有效应用于教学管理与科研，注重教育信息资源的开发和利用。

教育信息化是指在教育领域（教育管理、教育教学和教育科研）全面深入地运用现代信息技术来促进教育改革与发展的过程。其技术特点是数字化、网络化、智能化和多媒体化，基本特征是开放、共享、交互、协作。教育信息化的发展，带来了教育形式和学习方式的重大变革，对传统的教育思想、观念、模式、内容和方法产生了巨大冲击。教育信息化是国家信息化的重要组成部分，对于转变教育思想和观念，深化教育改革，提高教育质量和效益，培养创新人才具有深远意义，是实现教育跨越式发展的必然选择。

为深入贯彻落实党的十九大精神，加快教育现代化和教育强国建设，推进新时代教育信息化发展，培育创新驱动发展新引擎，并结合国家"互联网+"、大数据、新一代人工智能等重大战略的任务安排和《国家中长期教育改革和发展规划纲要(2010—2020年)》《国家教育事业发展"十三五"规划》《教育信息化十年发展规划(2011—2020年)》《教育信息化"十三五"规划》等文件要求，由中华人民共和国教育部于2018年4月13日制定并发布《教育信息化2.0行动计划》。

>>>想一想：国家为什么重视教育的信息化建设？

_____

_____

_____

(二) 在线教育的优势

在线教育的核心内容是教学信息化。教学是教育领域的中心工作，教学信息化就是要使教学手段科技化、教育传播信息化、教学方式现代化。在线教育在教育过程中较全面地运用以计算机、多媒体、大数据、人工智能和网络通信为基础的现代信息技术，促进教育改革，从而适应正在到来的信息化社会提出的新要求，对深化教育改革、实施素质教育具有重大的意义。

1. 学习资源利用更高效

各种教育资源通过网络跨越了空间距离的限制，使学校的教育成为可以超出校园向更广泛的地区辐射的开放式教育。学校可以充分发挥自己的学科优势和教育资源优势，把最优秀的教师、最好的教学成果通过网络传播到四面八方。

2. 学习行为不受时空限制

网络技术应用于远程教育，其显著特征是：任何人、任何时间、任何地点、从任何章节开始、学习任何课程，并且在学习模式上最直接体现了主动学习的特点，充分满足了现代教育和终身教育的需求。

3. 学习方式更加高效

教师与学生、学生与学生之间，通过网络进行全方位的交流，拉近了教师与学生的心理距离，增加教师与学生的交流机会和范围，并且通过计算机对学生的提问类型、人数、次数等方面进行的统计分析，使教师能更好地了解学生在学习中遇到的疑点、难点，从而更加有针对性地指导学生。

4. 学习过程记录更全面

在线教育会运用计算机网络所特有的信息数据库管理技术和双向交互功能，一方面，系统可以对每个网络学员的个性资料、学习过程和阶段情况等信息实现完整的跟踪记录，另一方面，教学和学习服务系统可根据系统记录的个人资料，针对不同学员提出个性化的学习建议。

5. 教学管理更便捷

计算机网络的教学管理平台具有自动管理和远程互动处理功能，可应用于网络教育的教学管理中，学生的咨询、报名、缴费、选课、查询、学籍管理、作业与考试管理等，都可以通过网络远程交互的方式完成。

(三) 在线教育的发展

从技术发展的角度分析在线教育的发展历程，可以很清晰地看到技术的发展在不同阶段对在线教育的影响。

第一阶段，互联网的诞生。没有互联网的诞生，就不可能有所谓的"在线"教育。

第二阶段，Web2.0 时代。2012 年被称为在线教育元年的核心原因，是因为 MOOC (大规模开放在线课程) 的兴起和大规模融资的出现。

第三阶段，移动互联网时代。4G 和移动互联网时代，给在线教育带来了新的载体和更多的可能性，诞生了很多工具型 App，这些工具型 App 建立起来的流量池对在线教育企业的重要性不言而喻。

第四阶段，直播时代。直播技术的成熟为在线教育带来规模化变现渠道，在线教育迎来加速发展期，教育直播平台的出现是在线教育领域一个巨大的飞跃，它很大程度上提升了在线教学的师生互动性，降低了学习成本，也是卓有成效的在线教学方式。

第五阶段，大数据及 AI 时代。这是当前在线教育正在经历的另一个重要拐点。得益于大数据和 AI 技术的发展，在线教育系统能够根据用户的学习大数据进行自适应教学、自适应出题，并借助自然语言理解以及语音识别技术对用户进行纠错，借助人脸识别技术来检测用户在直播学习过程中的兴趣变化和学习状态等，这些都只是开始，大数据、人工智能对教育的变革还将持续发酵。

未来，以大数据实现教育个性化，用人工智能赋能教育，在成倍放大教育产能的同时，将使得优质教学资源得到充分利用，从而真正做到因材施教、因人施教。

📖 学有所思

通过对在线教育相关内容的学习，请谈一谈你使用过哪些在线学习平台，体验如何，学习成效怎么样？

_____

_____

_____

_____

_____

模块四 互联网医疗

互联网医疗作为一种新型便民惠民服务，具有有效分流实体医院需求侧、提高患者就医可及性、解决人民群众看病就医"急难愁盼"问题的应用价值。互联网医疗借助第五代移动通信技术的高速发展，依托实体医院，构建了看病、急救、重大疫情防控融于一体的便捷通道。

（一）互联网医疗概述

互联网医疗是以互联网为载体，借助移动通信技术、云计算、物联网、大数据等信息技术，与传统医疗健康服务深度融合而成的一种新型医疗健康服务体系。它打破医疗资源分布的时间和空间局限，可为患者提供便捷、高效的医疗服务。互联网医院是"互联网+医疗"与传统医院改革有机结合后产生的，它依托实体医院，运用互联网技术提供安全适宜的医疗服务。互联网医院一般可以为患者进行常见病、慢性病等疾病的诊断和治疗，具有随时随地提供医疗服务、有效分流实体医院需求侧、提高患者就医可及性的应用价值。

互联网医疗是互联网在医疗行业的新应用，包括以互联网为载体和技术手段的健康教育、医疗信息查询、电子健康档案、疾病风险评估、在线疾病咨询、电子处方、远程会诊及远程治疗和康复等多种形式的健康管家服务。

作为伴随互联网的飞速发展而出现的一种新型的医疗手段，互联网医疗以医院为后台支持，用实际和虚拟的方式组织医疗资源，将一部分可以通过非现场方式进行的服务转移到互联网平台，为不同消费群体提供深层次医疗、保健服务。患者只需以在线问答形式提出疑问，便能在网上与医生互动、交流，得到针对性解答，获取指导性解决方案。这种新型的网络模式突破了时空性限制，实现了前所未有的实时互动，使患者足不出户就可享受诊疗服务，可以充分整合、合理配置医疗资源，分流不同阶段的患者，有效解决老百姓看病难的问题，其价值和影响将越来越大。

（二）我国互联网医疗发展历程

互联网医疗与互联网本身的发展密切相关。总体而言，我国互联网+医疗已走过以 PC

互联网为主的 1.0 时代，以移动互联网为主的 2.0 时代，目前处于 2.0 至 3.0 阶段的过渡时期，即将走向以互联网医院为转型方向的 3.0 阶段。最终 3.0 阶段将会实现全面的互联网医院，包括在线问诊、诊断、远程治疗、处方开具、送药到家等服务内容。目前我国互联网+医疗行业已整合了移动医疗服务商、医疗设备制造商、IT 巨头、风险资本、移动运营商、应用开发商、数据公司和保险企业等众多参与者，形成了以互联网健康险以及在线医疗为主的产业格局。

1. 起步发展阶段

我国最早于 20 世纪 80 年代开始进行医疗与电子化、医院工作流程与计算机的融合。21 世纪的第一个十年，随着互联网技术的不断发展，远程医疗逐渐互联网化，在线医疗逐渐崛起并成为互联网+医疗的重要组成部分。在这一时期，基于 PC 端的预约挂号、分诊、电话咨询等服务使得传统医疗模式得到初步的改变，在减轻医疗就诊压力与简化流程的双重作用下，配合当时新医改（2009 年）的冲击，中国医院信息化出现新的热潮，为未来医疗大数据库的建立提供了雏形，也为实现区域电子病历的互联互通及信息共享创造了可能性。

2. 理性发展阶段

2017 年至 2019 年，行业进入理性发展阶段。在 4G 技术及移动智能设备的发展及推动下，互联网+医疗服务逐渐由 PC 端转向移动端，大量就医助手等移动医疗 App 以及医院官方 App 如雨后春笋般涌入市场，物联网、云计算等技术的发展，使得可穿戴设备也逐渐进入人们的日常生活。

3. 高速发展阶段

自 2019 年 11 月疫情出现直至 2020 年 4 月疫情形势逐渐好转，医疗健康类 App 与网页的月度有效使用时间有了明显增加，其中医疗健康类 App 的增量同比去年同期显得十分迅速。同时，政府也不断加码，打通医保、支付等互联网+医疗的关键环节，助力线上医疗在疫情防控期间发挥作用。有研究认为，用户对互联网+医疗的使用认知在疫情后也将持续保持。

（三）我国互联网医疗发展的内驱力

互联网医疗代表着医疗行业新的发展方向，有利于解决中国医疗资源不平衡和人们日益增加的健康医疗需求之间的矛盾，是卫健委积极引导和支持的医疗发展模式。医疗服务的主体是医生和患者。互联网医疗把传统医疗的生命信息采集、监测、诊断治疗和咨询，通过可穿戴智能医疗设备、大数据分析与移动互联网相连，让所有与疾病相关的信息不再被限定在医院里和纸面上，而是可以自由流动、上传、分享，使跨国家跨城市之间的医生会诊轻松实现，患者就诊也不再要求必须与医生面对面。互联网必将成为一种重新配置医疗资源的强力工具，有助于实现以患者为核心的模式，优化医疗资源配置和使用，提升医疗效率。

1. 社会人口结构是互联网医疗发展的土壤

2019年，我国65岁及以上人口占比已高达12.6%。事实上，根据WHO国际标准，65岁及以上人口占比超过7%即已标志着社会步入老龄化。基于人口结构的发展规律，这一趋势在中短期内都无法改变。伴随而来的则是对医疗的大幅度依赖。每年我国诊疗人次及人均诊疗次数都在不断攀升，医疗体系面临巨大压力。而缓解这一压力的最好办法，莫过于借助互联网的力量，在不降低医疗水平的前提下，使得医疗能够覆盖更多人群。

2. 线上、线下融通实现区域医疗的整合和共享

互联网医院在互联网+医疗闭环中处于中心位置。而由于监管要求，互联网医院并非一个可以单独运行的主体，必须依赖于实体医院实现优势互补及资源共享。因此，实体医院成为互联网医院存在的基础，并得以将医疗从关注疾病本身转变为关注人健康本身，从真正意义上实现区域内医疗资源的整合及共享。

3. 驱动医生资源融入互联网

在互联网+医疗融合的过程中，互联网是作为交流的渠道，但真正的核心仍落在医疗上。尽管科技一直希望能取代人力，但医疗的核心依然是医生资源。一位出色的医生不但应具有丰富的临床经验，还是科研的能手以及与人沟通的高手。这样的医生才能吸引用户留在互联网+医疗平台，加快互联网与医疗的融合。而互联网同样能给予医生极大的提升，为医生与患者接触提供了更多元的渠道，让医生利用碎片化时间实现了更大的价值，推动了不同级别医院之间、不同医生之间的医疗合作。总的来说，医生有动力加入互联网+医疗，而互联网+医疗要想更好地实现线上融合，则必然要依靠能符合互联网模式的医生来实现。

4. 政策是行业融合的直接推手

坚持有所为有所不为，首先，借助政策体系力量推动行业规范发展，引导互联网+医疗行业与传统医疗服务之间实现更全面的对接和更深入的整合，改革传统医疗中的弊端；其次，对诊疗、诊后部分环节，如支付，应严格执行相关政策规定，而对诊前及诊疗、诊后部分具有优势的医疗服务领域则优先推进其与互联网之间的融合。总体而言，互联网+医疗政策主要从法律环境、准入政策、价格政策、安全管理政策以及行业监管政策数个方面共同入手，系统、全面地推动互联网+医疗行业的规范发展。

(四) 互联网医疗产业链

5G 和人工智能技术逐步落地应用正助推行业规模增长。就医疗行为而言，狭义的医疗行为仅指具有执业资格的医师、药师、护士进行的诊疗活动，广义的医疗行为可以泛指一切以疾病防治为目的行为。互联网医疗被定义为广义的医疗行为，即指借助互联网平台进行的一切医疗行为，行为主体包括互联网公司、医院、保险公司、医生、患者、其他有医疗健康管理需求的用户等，目的是通过结合互联网来精确匹配患者群体及获取其准确全面的健康信息，增强卫生服务和信息透明化，达到精准医疗的效果。

经过多年发展，互联网+医疗已涉及诊前、诊中、诊后多个环节，如图 9-3 所示。互联网医疗已在挂号、检查、开药、缴费、异地就医报销、远程医疗、人工智能辅助临床决策等多个方面为医疗健康普惠更多人起到了推进作用。

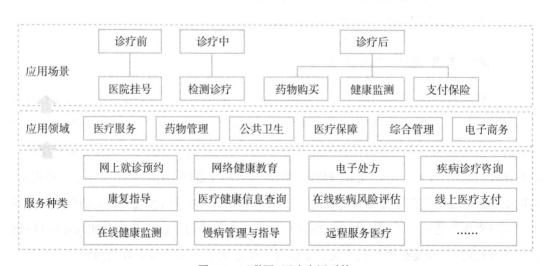

图 9-3　互联网+医疗应用延伸

1. 互联网医疗产业链

互联网医疗覆盖了以互联网为载体和技术手段支持的各个细分医疗领域，如图 9-4 所示。从患者角度来看，在线问诊、疾病搜索、医患交流、慢性病管理等环节为解决基础健康问题带来了便利。同时，在线平台提供的预约挂号、导诊候诊到最后报告查询等各个环节也提高了线下就诊的效率。新技术与商业模式的融合渗透使产业链价值重新得到分配。

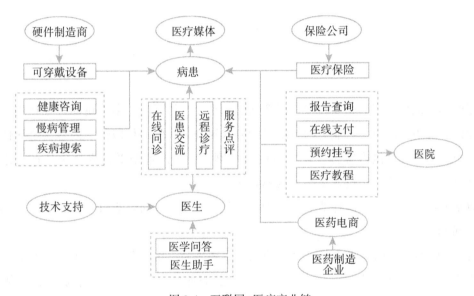

图 9-4 互联网+医疗产业链

2020 年，互联网医疗发展再次加速，我国互联网医疗行业迎来了"春天"，居民对于互联网医疗的需求呈爆发式增长。互联网医疗解决了疫情防控期间医护资源不足、问诊需求过高、二次感染等重要问题，同时也促进了互联网医疗的广泛应用，成为居民看病问诊的常态模式，增强了人们对互联网医疗的了解和认可，建立对互联网医疗的信任。

2. 商业模式

互联网的广泛普及，尤其是移动互联网的兴起带来的信息爆炸，让普通大众难以在这个瞬息万变的时代正确判别信息的价值。互联网医疗平台布局内容业务，集成多方专业数据库及医生资源，能帮助用户筛选优质的医疗内容，逐步成为大众获取知识的主要渠道。当前，内容型平台和服务型平台为互联网医疗用户获取医疗内容的主要渠道。

从 2018 年开始，我国互联网医疗政策密集发布，从总的指导性政策到规范管理办法，再到具体板块的指导意见，层层递推助力互联网医疗步入快车道。受新冠肺炎疫情的影响，互联网医疗的现实需求迅猛增长，许多医院和互联网健康平台也纷纷推出在线医疗服务。

>>>议一议：国家为什么要出台系列政策助推互联网医疗发展？

_____

_____

_____

当前提供医疗内容的企业较多，而搜索引擎平台，如百度、字节跳动等也在构建自身的医疗内容能力。同时，行业对内容质量的要求提升，医生的权威性、内容的全面性等构建了竞争壁垒，互联网内容行业竞争将逐步加剧。更多内容型平台将强化其在线诊疗能力，从其发展现状来看，行业正步入成熟阶段。

以平安好医生的在线医疗业务模式为例，其商业模式是向企业(B 端)或个人(C 端)提供线上问诊服务。

2B 服务协议及 2C 付费会员产品是收入的主要来源，用户包括投保人、企业员工及其他个人用户。①2B 服务协议：与平安寿险订立的服务协议(SLA)，在平安金管家 App 中以插件的形式为平安寿险用户提供在线问诊服务，并向平安寿险收取固定费用。②2C 付费会员产品，包括就医 360、私家医生等。其中，就医 360 是面向更广泛的人寿保险及医疗保险投保人提供按年收费的服务，2018 年服务保险会员超 100 万，贡献收入超 2 亿元人民币，截至 2019 年，累计服务会员超 200 万。私家医生则为家庭提供一对一专属私家医生服务，推广初期主要采取 2B2C 模式，与金融、通信等行业内的大企业合作，借助企业庞大的用户基础和渠道，获取付费用户。私家医生也面向个人用户开放，分为标准版、儿童版、长辈版。

平安好医生的业务特点是在线问诊以健康咨询为主，健康咨询量占总问诊量约 50%；免费咨询占绝大多数，免费咨询占总问诊量约 80%。它提供自有医生团队+AI 协同服务，问诊量快速增长，非会员在线问诊是流量入口，目前收入贡献较少。

3. 中国互联网医疗企业

目前中的互联网医疗企业主要有三类：第一类是专注在线医疗，如平安好医生、微医等；第二类是专注医药电商，如京东健康、阿里健康；第三类是支持医院主导互联网医疗的传统医疗 IT 厂商，如卫宁健康、创业慧康。

（1）阿里健康

阿里健康是阿里巴巴集团"Double H"战略（Health and Happiness 健康与快乐）在大健康领域的旗舰平台，是阿里巴巴集团投资控股的公司之一。凭借阿里巴巴集团在电子商务、互联网金融、物流、大数据和云计算等领域的优势，阿里健康以用户为核心，全渠道推进医药电商及新零售业务，并为大健康行业提供线上线下一体化的全面解决方案，以期对现有社会医药健康资源实现跨区域的共享配置，同时在保障专业安全的基础上，大幅提高患者就医购药的便捷性，满足消费者对健康生活方式的追求。目前，阿里健康开展的业务主要集中在医药电商及新零售、互联网医疗、消费医疗、智慧医疗等领域。

（2）平安好医生

平安健康医疗科技有限公司是中国领先的互联网医疗健康服务平台，致力于构建专业医患沟通桥梁。目前，公司融合了 HMO 健康管理、家庭医生会员制、O2O 医疗服务的整体商业模式，秉持"省时、省心、省钱"的价值主张，为用户提供有温度的医疗健康服务。

（3）京东健康

京东健康是京东集团旗下专注于医疗健康业务的子集团，致力于打造以医药及健康产品供应链为核心，医疗服务为抓手，数字驱动的用户全生命周期全场景的健康管理企业。京东健康以国民健康为根本，充分整合企业资源，发挥优势能力，以用户和患者为中心，不断助力推动医疗健康事业的创新发展，提供更易得、便捷、优质和可负担的医疗健康产品与服务，帮助人们享受更有品质的健康美好生活，致力于成为"全民首席健康管家"。

学有所思

通过对互联网医疗相关内容的学习，请你谈一谈互联网医疗给病患带来了哪些便利？根据现有技术的发展，未来互联网医疗会有哪些新的变化？

自学测试

1. 名词解释

(1) 协同办公：

(2) 智慧旅游：

(3) 在线教育：

(4) 互联网医疗：

2. 单项选择题

(1) 协同办公系统是利用网络和(　　)等信息化技术提供多人沟通、共享、协同办公的应用软件。

    A. 计算机(智能设备)　　　　　　　B. 3D 打印机

    C. 视频设备　　　　　　　　　　　D. QQ 软件

(2) 协同办公的社会价值不包括(　　)。

    A. 规范管理、提高工作效率　　　　B. 节约企业运营成本

    C. 消除信息孤岛、资源孤岛　　　　D. 更好地监控工作效率

(3) 协同办公实施的关键点不包括(　　)。

    A. 连接　　　　　　　　　　　　　B. 共享

    C. 协同　　　　　　　　　　　　　D. 监控

(4) 智慧旅游是利用云计算、物联网等新技术，通过互联网/移动互联网，借助便携的(　　)，主动感知获取旅游资源、旅游经济、旅游活动等方面的信息。

    A. 宣传手册　　　　　　　　　　　B. 海报

    C. 景点 LED 屏　　　　　　　　　D. 智能终端(智能手机)

(5) 智慧旅游的特点不包括(　　)。

    A. 全面物联　　　　　　　　　　　B. 协同运作

    C. 景点导向机器人　　　　　　　　D. 充分整合

(6) 智慧旅游价值体现不包括(　　)。

    A. 服务智慧　　　　　　　　　　　B. 管理智慧

    C. 营销智慧　　　　　　　　　　　D. 协同智慧

(7) 在线教育应用信息技术和(　　)技术进行内容传播和快速学习的方法。

    A. 智能设备　　　　　　　　　　　B. 大数据

    C. 人工智能　　　　　　　　　　　D. 互联网技术

(8) 在线教育的特征不包括(　　)。

A. 信息传递优势　　　　　　　B. 信息质量优势

C. 信息成本优势　　　　　　　D. 信息传播

3. 简答题

(1)简述协同办公实施的关键点。

(2)智慧旅游的社会价值有哪些？

(3)在线教育的优势有哪些？

(4)互联网医疗的产业链包含哪些行业？

📖 项目实训

项目背景

　　小莉同学通过对电子商务行业应用的学习，深刻感受到电子商务的发展对各行各业带来的深远影响，数字化、智慧化信息系统在逐步升级并改造各行各业，推动各行各业发展转型。为了更加深入地认识信息化对传统行业的改变，小莉决定深入地进行行业分析，夯实认知基础。

任务一　分析传统办公与协同办公的差异

任务描述

　　第一步，小莉通过对协同办公相关内容的学习，希望深入分析传统办公与协同办公的特点，探索二者的差异。

任务环境与工具：

1. 下载一款网络会议软件和协同办公软件(如钉钉)并安装使用，总结该软件能给商务办公带来哪些便利。

2. 通过访问和调查问卷来了解身边的朋友、亲戚、老师是如何在现场办公的。

3. 通过体验与调查访问，分析不同的办公形式的差异和联系，完成调查表的填写。

在线协同办公与传统办公比较

比　较	在线协同办公	传统办公
办公形式		
应用行业		
主要优势		
主要劣势		
管理上的差异		
沟通上的差异		

任务二　分析传统线下教育与在线教育的差异

任务描述

第二步，小莉通过对在线教育相关内容的学习，期望展开对相关行业的研究，进一步探索传统线下教育与在线教育的差异。

操作指南：
通过互联网查阅资料，整理搜集的资料。

在线教育与线下教育的比较

域名类型	在线教育	线下教育
学习场地		
学习时间		
学习环境		
学习效果		

续表

域名类型	在线教育	线下教育
学习评价		
问题互动性		
复习形式		
考试形式		

🔲 项目总结

通过对本章的学习，我的总结如下：

一、主要知识

1.

2.

3.

4.

二、主要技能

1.

2.

3.

4.

三、成果检验

1. 完成任务的意义：

2. 学到的知识和技能：

3. 自学的知识和技能：

4. 对电子商务应用未来发展的判断：

参 考 文 献

[1]刘豪. 高职电子商务"双高"专业群"1234"建设的研究[J]. 营销界，2020.

[2]崔菁菁. 吉林省本科院校高职专业创新创业型人才培养中存在的问题及对策——以长春师范大学电子商务专业为例[J]. 农家参谋，2020.

[3]王欣. 电子商务基础[M]. 机械工业出版社，2019.

[4]徐翊华，高允阳. 移动互联网环境下的电子商务模式及创新研究[J]. 老字号品牌营销，2020.

[5]潘秋瑜，邓洁. 基于新媒体背景下的电子商务营销模式[J]. 现代商业，2020.

[6]钟培军. 基于工作过程导向的电子商务课程资源项目化探究[J]. 广西教育，2020.

[7]徐翊华，高允阳. 移动互联网环境下的电子商务模式及创新研究[J]. 老字号品牌营销，2020.

[8]韩林. 电子商务基础(理实一体化教材)第 3 版[M]. 机械工业出版社，2021.

[9]杨哲. 县域电子商务产学研一体化研究[J]. 企业改革与管理，2020.

[10]吴涛. 基于 RFM 模型的电子商务顾客细分研究[J]. 铜陵学院学报，2020.

[11]张格余. 电子商务基础与实务[M]. 机械工业出版社，2016.

[12]魏婧文. "互联网+"背景下高职电子商务专业教学模式改革的路径选择[J]. 产业与科技论坛，2020.

[13]陈玲. 电子商务概论(第 2 版)[M]. 清华大学出版社，2022.

[14]白洁. 基于"协同创新中心"的电子商务专业创新型人才培养模式研究[J]. 产业创新研究，2020.

[15]刘桓、高志坚. 电子商务基础与应用[M]. 人民邮电出版社，2017.

[16]赵智荫. 电子商务人才培养现状以及改革探究[J]. 产业创新研究，2020.

[17]龙莹，龙芳，梁元超. 基于校企合作项目的电子商务客户服务教学设计探析[J]. 广西教育，2020.

[18]王乐乐. 产学研协同视域下高职电子商务人才培养的创新研究[J]. 中国商论，2020.